税理士SOS

弁護士法人みらい総合法律事務所
弁護士・税理士 谷原 誠

税理士を守る会 質疑応答集

ロギカ書房

まえがき

　本書の内容は、実際に税理士が日常業務の中での疑問を弁護士に対して質問し、弁護士がそれに回答した質疑応答集です。

　弁護士法人みらい総合法律事務所では、「税理士を守る会」という税理士向けのサービスを提供しており（詳しくは、巻末をご参照ください）、日々、税理士の諸先生方からの質問を受け付け、回答を行っております。

　本書は、その中で実際に税理士の先生方からされた質疑応答を基に執筆したものです。

　実際には、税理士の先生方からの質問は生々しいものが多く、そのまま記載することができませんので、事例については改変し、なるべく汎用性のあるものにしております。そのため、実際の質問そのものとは異なっています。

　しかし、本書をお読みいただくと、税理士がどのようなことに疑問を抱いているかがわかると思います。

　質問の内容は多岐にわたります。大きくは以下のように分類できます。

(1)　税理士法に関する質問

　　　自分の業務処理が税理士法に反してないか、などの質問です。

(2)　税理士と依頼者との法律問題に関する質問

　　　契約や税理士損害賠償などの法律問題等です。

(3)　税理士事務所内に関する質問

　　　労働問題や退職税理士との法律問題等です。

(4)　関与先からの相談に関する質問

　　　関与先が直面する法律問題等です。

(5)　税法解釈に関する質問

税理士として税法をどのように解釈すればよいか、という質問等です。

　本書は1項目ずつが独立した質問と回答となっております。初めから読み進めていただいてもよいですし、目次から目的の項目を読んでいただいてもよいと思います。

　本書が税理士の諸先生方の業務における問題解決の一助となれば幸いです。

2019年7月

谷原　誠

目 次

まえがき

第1章　税理士法に関する質疑応答

- 1-1　相続税業務で相続人と連絡が取れない場合は、どのように対処すべきか　2
- 1-2　税務申告書の代書の解釈　5
- 1-3　税理士の名義貸しに当たる行為　8
- 1-4　非税理士が作成した会計データを基に申告書を作成することは許されるか　11
- 1-5　税理士が業務を行うことのできる社会保険手続の範囲　14
- 1-6　記帳代行会社の入力ミスによる申告書と懲戒・損害賠償　17
- 1-7　税理士が作成した申告書に署名押印しないことは許されるか　20
- 1-8　依頼者の脱税と顧問税理士の責任　22
- 1-9　税理士法人の無限連帯責任の法的根拠　24
- 1-10　税理士業務と弁護士法第72条違反　26

第2章　税理士と依頼者との法律問題に関する質疑応答

- 2-1　事前確定届出給与に関する説明助言義務　30
- 2-2　関与先本人以外の税務相談に関する回答義務　33

2-3	税理士報酬を役員報酬として受領することの可否	35
2-4	期限間近の申告業務の依頼の断り方	37
2-5	顧問先が事実を隠した場合の税理士の責任	40
2-6	株価評価の資料不足と税理士の損害賠償責任	44
2-7	顧問契約書の遡及締結の可否	48
2-8	委任契約と請負契約における責任範囲の違い	50
2-9	顧問料の滞納を理由に依頼を断った場合の損害賠償責任	52
2-10	顧問料の未払いに対する対応	54
2-11	期中の顧問契約解約による報酬の返金	56
2-12	前任の税理士との契約解除に伴う確認書の内容	59

第3章　税理士事務所内の問題に関する質疑応答

3-1	記帳代行会社の設立にあたっての注意点	64
3-2	記帳代行会社へ委任できる業務の範囲	66
3-3	退職した元社員税理士による関与先の奪取行為	68
3-4	退職する所属税理士の顧客奪取防止策（誓約書がない場合）	70
3-5	独立する所属税理士との外注契約	73
3-6	顧問契約の業務範囲の判断基準	77

第4章　関与先からの相談に関する質疑応答

4-1	代表取締役変更登記反映前の契約書への署名押印者	80
4-2	支配株主の死亡により株主総会決議ができない場合の決算	82

4-3	社員が賃借するアパートの連帯保証人に社長がなるリスク	86
4-4	連帯保証債務の弁済と求償権	88
4-5	完全子会社から親会社に配当金を支払う場合の議事録の文言	90
4-6	合同会社の議事録の作成方式と作成業務分担	91
4-7	特別利害関係人がいる場合の議事録の記載	94
4-8	重加算税と役員の責任	97
4-9	粉飾決算に関与していない役員等の損害賠償責任	99
4-10	退職慰労金の金額を明示しない株主総会決議	102
4-11	会社分割の際の債権者保護手続（個別催告）	103
4-12	株券発行会社で不発行の場合の株式譲渡や贈与	106
4-13	名義株の整理と名義人の判定	109
4-14	事業譲渡とされない売買契約の方法	112
4-15	自己破産前の売買と詐害行為	115
4-16	「残業代も含む」とした年棒契約をした場合でも残業代は発生するか	118
4-17	解雇予告通知の出し方	121
4-18	詐害行為と法人格否認の法理	125
4-19	従業員による売上金横領への対応	130
4-20	取引先のメールにより、偽口座に送金した場合の対応	132
4-21	債権譲渡撤回通知書の発行理由と対応	134
4-22	法人の借入金の貸主判定方法	136
4-23	親族間の金銭の貸し借りの確認書における注意点	138
4-24	取引先に対する年金機構からの照会書の対応	140
4-25	取引先による値上げ要請への対応	142
4-26	スタッフの引抜き・勧誘の防止	144
4-27	代償分割の場合の遺産分割協議書の書き方	146
4-28	一部のみの遺産分割協議書を作成する際の注意点	149

4-29	旧民法と遺産分割協議	151
4-30	口頭の遺留分減殺請求の場合の注意点	153
4-31	死亡保険金と特別受益	157
4-32	養子縁組する前に生まれた子の代襲相続	161
4-33	不動産贈与証と贈与契約書	164
4-34	建物名義人と地代支払人が異なるときの借地権の帰属	166
4-35	老朽建物の賃貸人の責任	170
4-36	自殺が起きた賃貸物件の損害賠償請求	172
4-37	賃貸人の変更により賃料支払先不明の場合の対応	174
4-38	同族会社の底地譲渡価格の問題	177
4-39	3カ所の土地について土地譲渡契約書は1通でよいか	180
4-40	親の借地に子供が家を建てる場合の問題	182
4-41	普通建物賃貸借契約と定期建物賃貸借契約の区別	185
4-42	普通借地権と定期借地権の区別	188
4-43	宅建業に該当する要件	191
4-44	送迎サービスの実施で気をつける点	193
4-45	社用車利用規程の内容	195
4-46	交通事故における加害者側の保険会社への対応	198
4-47	離婚問題で気をつけること	200

第5章　税法解釈に関する質疑応答

5-1	過大な役員退職給与と会社法	204
5-2	過大役員退職給与と所得税	208
5-3	鬱病の役員の定期同額給与	210

5-4	税務調査におけるパソコンの閲覧	213
5-5	税務調査における調査官の高圧的な態度	215
5-6	税務調査過程の録音	219
5-7	調査官の質問検査権と弁護士の守秘義務	222
5-8	代表者死亡による取締役不在の税務申告	224
5-9	借地権の目的となっている土地を当該借地権者以外の者が取得し地代の授受が行われないこととなった場合	227
5-10	非上場株式の個人間での交換	230
5-11	相続時精算課税と相続放棄	232
5-12	定年退職した者との業務委託契約での注意点	235
5-13	法人の取引先から従業員への報酬支払いの是非	239
5-14	債権回収と貸倒れ	241
5-15	個別和解型の特別清算	244
5-16	繰戻し還付の適用	247
5-17	所得税確定申告の譲渡費用	249
5-18	交際費の立証責任	252
5-19	弁理士が契約書に貼る印紙	255

第1章

税理士法に関する質疑応答

1-1 相続税業務で相続人と連絡が取れない場合は、どのように対処すべきか

[質問]

> ご紹介により相続税申告のご依頼をいただき、一度相続人と面談しました。
> 面談の際に必要書類をご説明し、書類が揃いましたらご連絡いただくようお願いしましたが、その後、一向に連絡がなかったため、こちらから何度も電話連絡をしているのですが全く連絡が取れません。
> 申告まで2カ月を切ってしまうため、これ以上連絡が取れないと申告期限までに申告するのが難しくなってきます。
> 万が一、このまま連絡が取れず申告期限が過ぎてしまった場合、税理士に何らかの責任が発生するのでしょうか。相続税申告に関する受託契約書は締結しています。
> また、申告期限間近になり、連絡があった場合に申告期限に間に合わない状況が想定されます。その場合には、税理士に責任はあるのでしょうか。

[回答]

税理士と依頼者との契約関係は委任契約とされており(最高裁昭和58年9月20日判決)、契約書を締結している以上、税理士は申告期限内に相続税の申告業務を行うべき注意義務があります。

申告期限を徒過すると、無申告加算税、延滞税等の損害が依頼者に発生します。したがって、税理士がこの注意義務を怠り、申告期限を徒過した場合には、税理士に債務不履行ないし不法行為に基づく損害賠償責任が発

1-1 相続税業務で相続人と連絡が取れない場合は、どのように対処すべきか

生する可能性があります。

[対策]

そこで、今から1カ月以内の委任契約解除を視野に入れて、証拠作りをしていくのがよろしいかと思います。

これまで電話連絡をして不在だった、ということですが、その際の日時のメモを作ることをおすすめします。

次に、書留にて、

「○月○日に書面にてお願いしましたが、申告期限が○年○月○日なので、早急に下記書類を提出してください。○月○日、○月○日に携帯電話にお電話しましたが、つながらなかったので、本書面をお送りします。」というような手紙を送ります。

書留で送るのは、証拠作りのためと在宅して手紙を受け取る状況にあるかどうか、を確認するためです。

それでも連絡がない場合、手紙を受け取らないような場合には、また何度か電話し、その日時を記録します。

手紙が到達して2週間程度経過しましたら、内容証明にて、

「○年○月○日に委任契約を締結しましたが、その後、連絡が取れず、何度もお電話し、また、○月○日付でお手紙も差し上げましたが、連絡が取れない状況です。このままでは、委任契約に基づく業務を行うことができませんので、○年○月○日までに、下記書類の全てをご提出いただけない場合には、同日の経過をもって業務契約を解約させていただきます。なお、同日経過後に書類をいただいても業務を行うことはできませんので、ご承知おきください。また、相続税の申告期限は、○年○月○日までですので、必ず同期日までに申告されるようおすすめします。同期日を経過すると、無申告加算税、延滞税その他の不利益が課されるこ

とを付言します。」
というような内容を送ります。

　連絡が取れずに同期日が経過した場合、お預かりしている書類があれば、書留にて返却して終了となります。

　連絡が取れた場合でも、再度連絡が取れなくなり、申告期限経過リスクがありますので、電話だけでなく都度、証拠を残しておくことをおすすめします。

［ポイント］

① 証拠を残す。
② 期限を切って、期限を経過した場合の法的効果を明確にする。
③ 依頼者に予想される不利益を説明しておく。

1-2　税務申告書の代書の解釈

[質 問]

> 申告期限ギリギリで、依頼者と税理士の意見が異なる場合に、依頼者の希望どおりに申告書を作成するよう強く要請される場合があります。
> 税務書類の作成には、単なる代書は含まれない（税理士法基本通達2-5）とあります。「代表者のいうとおりに申告することは代書になると考えられるため、税理士法の範疇に含まれないと考えられ、そのため税賠や税理士法違反の対象とはならない」という回答を他の税理士より得たのですが、この考え方は正しいでしょうか。

[回 答]

　他人の求めに応じて税務書類を作成することは税理士業務とされています（税理士法第2条第1項第2号）。そして、税務書類の作成は、自己の判断に基づいて書類を作成することであり、依頼者の口述どおりに記述するような単なる代書は含まれない、とされています（税理士法基本通達2-5）。

　ここで、依頼者の要請どおりに税務書類を作成することが、「税務書類を作成」したのか、「代書」をしたのかに関する判断基準としては、その税務書類の作成を、「自己の判断に基づいて」作成したかどうか、ということになると考えます。

　自己の判断に基づいて作成するとは、例えば、ある収入があった場合に、その収入は税務上、依頼者の収入に該当するかどうか、いつの時点で収入に計上すべきか、所得分類は何か、などの判断であり、ある支出があった場合に、税務上必要経費（損金）に該当するか、どの経費項目に該当する

か、いつの時点で経費に計上すべきか、などの判断をし、その判断を前提に課税標準等や税額等を計算して税務書類を作成することです。

これらの判断を全て依頼者が行い、税理士が依頼者から口述された数字を税務書類に打ち込むだけ、ということであれば代書ということになるでしょうが、そのような場合にはそもそも税理士は不要であり、想定しがたいと思います。

依頼者と税理士の意見が異なり、最終的に依頼者に押し切られて申告書を作成する場合でも、その他の内容については税理士が判断して作成しているのが通常ですし、依頼者に押し切られた内容についても税理士が判断した内容と依頼者が判断した内容で議論をし、結論として依頼者が判断した内容で申告書を作成することは「税理士の判断で作成する」ということになりますので、やはり税理士が作成した税務書類になると考えます。

したがって、その内容に誤りがあれば、税理士損害賠償の対象となり得ます（ただし、過失相殺により、賠償額が減額される可能性はあります）。

裁判例には、前橋地裁平成14年12月6日判決（TAINS　Z999-0062）があります。

税理士が所得税確定申告にあたって、依頼人に対し申告書作成に必要な原始資料の提出を求めたが、依頼人がこれを拒否し、依頼人の指示する不適法な方法で確定申告をするよう要請され、その旨申告したが、その際、重加算税などの説明をしなかったため、納税を余儀なくされたとして損害賠償請求をされ、これが認められました。ただし、依頼者側に9割の原因があるとして、過失相殺されています。

[対　策]

したがって、仮に依頼者に押し切られて申告書を作成する際にも、書面を徴求する必要があります。

その内容は、税理士の主張と依頼者の主張を記載し、最終的に依頼者の強い希望により申告書を作成したこと、後日、誤りにより修正申告が必要となったり、更正がなされたりし、加算税や延滞税等（場合によっては重加算税）を課される不利益があることを説明し、それを了承した旨の書面となります。

1-3 税理士の名義貸しに当たる行為

[質問]

> 過去に長年、会計事務所に勤務していた者が会社から法人税申告書の作成を依頼され、その間だけ経理担当者として申告書を作成した場合に、税理士がこの申告書に署名押印することは、税理士法及び他の法律などに抵触する可能性はあるでしょうか。

[回答]

経理担当者について生ずる問題と税理士について生ずる問題があります。

(1) 経理担当者について生ずる問題

経理担当者に関しては、税理士法第52条の問題です。税理士法第52条では、「税理士又は税理士法人でない者は、この法律に別段の定めがある場合を除くほか、税理士業務を行つてはならない。」とされています。

そして、「税理士業務」は、「税理士は、他人の求めに応じ、租税……に関し、次に掲げる事務を行うことを業とする」ということで、税務書類の作成などが規定されています（税理士法第2条第1項）。

ここで、「業とする」とは、税務代理、税務書類の作成又は税務相談を反復継続して行い、又は反復継続して行う意思をもって行うことをいい、必ずしも有償であることを要しないこととされています（税理士法基本通達2-1）。

次に、税理士法第2条第1項第2号の「税務書類の作成」とは、税務書類を自己の判断に基づいて作成することとされています（税理士法基本通達2-5）。今回は、経理担当者が自己の判断に基づいて税務書類を作成して

いるといえるでしょう。

したがって、当該経理担当者が他人の求めに応じ、自己の判断に基づいて申告書を作成することを業としていた場合は、税理士法第52条違反となります。そして、申告書作成期間だけ雇用されていることから考えると、反復継続の意思をもって申告書を作成していたとして、同条違反と認定されやすいといえます。

(2) 税理士について生ずる問題

次に署名押印する税理士においては、税理士法第37条の2の問題となります。

同条では、「税理士は、第52条又は第535条第1項から第3項までの規定に違反する者に自己の名義を利用させてはならない。」とされており、非税理士に対する名義貸しの問題です。

仮に、税理士が申告書の内容を確認したとしても、申告書は経理担当者の判断により作成されたものになりますので、経理担当者が作成した申告書に署名押印をする行為は、非税理士に対して名義貸しを行ったものと考えます。

国税庁のホームページ「税理士法違反行為Q&A」の（問3-16）には、次のような事例が掲載されています。

事例21

税理士甲は、非税理士乙から依頼され、乙が作成した所得税の確定申告書の下書きを受領した上で、甲のパソコンにその下書きの内容をそのまま入力した上で電子署名を行い電子申告する「名義貸し」行為を行った。
【解説】

第1章 税理士法に関する質疑応答

> 　税理士甲は、自らパソコンに申告内容を入力して電子申告をしていますが、その入力した内容は非税理士乙により作成された申告書の下書きの内容をそのまま入力したものであることから、税理士甲の判断で作成したものとはいえず、非税理士乙の判断で作成されたものといえます。したがって、税理士甲は非税理士乙により作成された申告書に電子署名をし、自己の名義を利用させたこととなり、法37条の２の規定に違反します。
> 　なお、非税理士乙は他人の求めに応じ、業として申告書を作成しており、税理士業務を行ったことから、法52条の規定に違反します。

　税理士が税理士法第37条の２の規定に違反した場合は、２年以下の懲役又は100万円以下の罰金に処せられる場合があります（税理士法第59条第１項第２号）。

　また、名義貸しを受けた者の人数、名義貸しを受けた者が作成した税務書類の件数、名義貸しをした期間、名義貸しにより受けた対価の額に応じて、２年以内の税理士業務の停止又は税理士業務の禁止の懲戒処分を受ける可能性があります。

1-4 非税理士が作成した会計データを基に申告書を作成することは許されるか

[質 問]

> 非税理士が記帳代行業務のみを行う法人を設立し、記帳代行業務を行っています。そこで質問があります。
> (1) 非税理士が記帳代行から申告書作成まで一括して受注し、会計帳簿を作成し、その帳簿を前提に税理士である私が再委託を受けて申告書を作成して署名押印する場合、税理士法に抵触するでしょうか。
>   この場合、私は顧客とは直接契約を結ばず、記帳代行会社と契約を締結することになります。
> (2) 非税理士は記帳代行業務のみを受注し、税理士である私は直接顧客と申告代理業務を受注した場合、非税理士が作成した会計帳簿を前提に税務書類を作成することは、税理士法に抵触するでしょうか。
> (3) 会計データに誤りがあったことにより、税務書類の内容に誤りが生じ、依頼者が損害を被った場合、税理士損害賠償責任は発生するでしょうか。

[回 答]

(1) について

税理士法第2条第1項第2号の「税務書類の作成」とは、税務書類を自己の判断に基づいて作成することとされています(税理士法基本通達2-5)。

今回の場合、税務書類は、税理士の判断に基づいて作成されていますので、税理士が「税務書類を作成」しているといえます。

しかし、非税理士が記帳代行から申告書作成まで一括して受注する、と

いうことは依頼者から「申告書の作成」を請け負い、完成された税務書類を引き渡す、ということを意味します。

税理士は依頼者と直接契約を締結せず、記帳代行会社から税務書類の作成の受託を受けるので、再委託ということになります。

したがって、記帳代行会社が依頼者から税務書類の作成を受注し、記帳代行会社の意思に基づいて税理士に再委託して税務書類が作成されていることになり、全体として、記帳代行会社の意思に基づいて税務書類が作成された、と評価することもできます。

そうなると、記帳代行会社は、「税理士又は税理士法人でない者は、この法律に別段の定めがある場合を除くほか、税理士業務を行ってはならない。」（税理士法第52条）に違反していると判断される可能性があります。

このように判断される場合には、税理士法第37条の2の問題となります。同条は、「税理士は、第52条又は第53条第1項から第3項までの規定に違反する者に自己の名義を利用させてはならない。」とされていますので、申告書を作成し、署名押印することが名義貸しと判断される可能性があるといえます。

(2) について

記帳代行は、税務書類の作成ではありません。

したがって、非税理士が記帳代行業務のみを受注し、税理士が直接顧客と申告代理業務を受注して、非税理士が作成した会計帳簿を前提に税務書類を作成することは、税理士法に違反するものではありません。

(3) について

税理士が損害賠償責任を負担するかどうかは、税理士と依頼者との契約における業務範囲の問題となります。

1-4 非税理士が作成した会計データを基に申告書を作成することは許されるか

「作成された会計帳簿を前提として確定申告書を作成し、申告代理すること」が業務範囲であれば、損害賠償責任は発生しにくいといえます。

ただし、数字に異常性があるなど、容易に発見できるような場合は注意義務違反が認定される可能性があります。

他方、「会計帳簿の正確性の判断も含めて確定申告書を作成し、申告代理すること」が業務範囲であれば、損害賠償責任が発生しやすいといえます。

[対 策]

このような争いを回避するためには、受任時に契約書を締結し、その契約書の中で税理士が会計帳簿の正確性を検証する義務があるのかどうか、原始資料まで確認する義務があるのかどうかなど、責任分担の規定を入れておくことをおすすめします。

第1章　税理士法に関する質疑応答

1-5　税理士が業務を行うことのできる社会保険手続の範囲

[質問]

> 　税理士が社会保険の手続を代行していると、社会保険労務士会から社会保険労務士法違反を疑う書類が送られてくると聞いたことがあります。
> 　税理士が行える社会保険手続の業務範囲はどうなっているでしょうか。

[回答]

　まず、条文を整理します。（条文を簡略化しています）

> 社会保険労務士法第27条
> 　社会保険労務士でない者は、他人の求めに応じ報酬を得て、第2条第1項第1号から第2号までに掲げる事務を業として行ってはならない。ただし、他の法律に別段の定めがある場合及び政令で定める業務に付随して行う場合は、この限りでない。

　そこで、社会保険労務士法第2条第1項第1号及び第2号の関係箇所を見てみます。

> 社会保険労務士法第2条
> 　社会保険労務士は、次の各号に掲げる事務を行うことを業とする。
> 一　別表第一に掲げる労働及び社会保険に関する法令に基づいて申請書等を作成すること。
> 一の二　申請書等について、その提出に関する手続を代わってすること。
> 一の三　労働社会保険諸法令に基づく申請、届出、報告、審査請求、再審査請

14

求その他の事項について、又は当該申請等に係る行政機関等の調査若しくは処分に関し当該行政機関等に対してする主張若しくは陳述について、代理すること。
二　労働社会保険諸法令に基づく帳簿書類を作成すること。

先ほど見た、社会保険労務士法第27条但書きにより、許される「政令で定める業務に付随して行う場合」については、社会保険労務士法施行令第2条が次のように規定しています。

社会保険労務士法施行令第2条
　　法第27条ただし書の政令で定める業務は、次に掲げる業務とする。
一　公認会計士又は外国公認会計士が行う公認会計士法（昭和23年法律第103号）第2条第2項に規定する業務
二　税理士又は税理士法人が行う税理士法（昭和26年法律第237号）第2条第1項に規定する業務

したがって、税理士又税理士法人が行う税理士法第2条第1項に規定する業務に「付随して行う場合」は許される、ということになります。
そこで、税理士法を見ます。

税理士法第2条第1項
　　税理士は、他人の求めに応じ、租税……に関し、次に掲げる事務を行うことを業とする。
一　税務代理（略）
二　税務書類の作成（略）
三　税務相談（略）

以上より、税理士が税務代理、税務書類の作成、税務相談に付随して、社労士業務を行うことは許されることになります。

第1章 税理士法に関する質疑応答

　この点が税理士会と社会保険労務士会で問題となり、その範囲について、平成14年6月6日に税理士会と社労士会で確認書が締結されています。

「税理士又は税理士法人が行う付随業務の範囲に関する確認書」
　http://www.nichizeiren.or.jp/suggestion/siryo-10/01.pdf

同確認書において、次のように取り決められています。

> 1　税理士又は税理士法人が社会保険労務士法第2条第1項第1号から第2号までに掲げる事務を行うことができるのは、税理士法第2条第1項に規定する業務に付随して行う場合であること。
> 2　(1)　上記1にいう税理士又は税理士法人が付随業務として行うことができる社会保険労務士法第2条第1項第1号から第2号までに掲げる事務は、「租税債務の確定に必要な事務」の範囲内のものであること。
> 　　(2)　社会保険労務士法第2条第1項第1号の2の業務（提出代行）及び同項第1号の3の業務（事務代理）は、付随業務ではないこと。

　その結果、「租税債務の確定に必要な事務」としての計算や書類作成は許されるけれども、「提出代行」や「事務代理」は許されない、ということになっています。

1-6 記帳代行会社の入力ミスによる申告書と懲戒・損害賠償

[質 問]

> 年に1回、記帳代行会社が入力した会計データを送ってもらい、それを基に決算整理仕訳を入力して、申告書を作成提出しています。
> 申告料は安く設定しており、会計データのみしか確認せず、帳簿等は一切送ってもらっていません。
> この場合、顧客が売上除外や架空経費計上をし、又は記帳代行会社の入力ミス等があった場合に、税理士は懲戒処分の対象になりますか。または、損害賠償責任が発生しますか。

[回 答]

まず、懲戒処分についてです。税理士法第45条は次のように規定しています。

> 税理士法第45条
> 1 財務大臣は、税理士が、故意に、真正の事実に反して税務代理若しくは税務書類の作成をしたとき、又は第36条の規定に違反する行為をしたときは、2年以内の税理士業務の停止又は税理士業務の禁止の処分をすることができる。
> 2 財務大臣は、税理士が、相当の注意を怠り、前項に規定する行為をしたときは、戒告又は2年以内の税理士業務の停止の処分をすることができる。

今回は、第2項が問題となり、「相当の注意を怠ったかどうか」が問題となります。

そして、「相当の注意を怠ったかどうか」については、税理士法基本通達45-2で、『法45条第2項に規定する「相当の注意を怠り」とは、税理士が職

第 1 章　税理士法に関する質疑応答

業専門家としての知識経験に基づき通常その結果の発生を予見し得るにもかかわらず、予見し得なかったことをいうものとする。』とされています。

　ここでは、契約の内容が問題となります。つまり、税理士が受任した業務の内容が、「完成した会計データをもとに、税務書類を作成し、提出すること」に限定されているか、あるいは会計帳簿を確認し、会計データが正確かどうかまで確認する必要があるか、ということになります。

[対　策]

　契約書において、上記のような責任分担規定があれば契約書が基準になります。契約書がない場合には、業務実態を分析して契約内容が判断されます。

　過去の裁判例では、依頼者が原始資料から仕訳を行い、税理士においてその仕訳伝票を受け取って会計帳簿の記帳代行、財務書類及び税務書類の作成を行うという流れが19年間続いており、それは担当者や会計ソフトの変更にもかかわらず変わらなかった、という事案において、「業務実態からすると、税理士と依頼者との契約における業務範囲について、原始資料から仕訳を行う業務や依頼者が作成した仕訳伝票を原始資料に基づきチェックする業務までは含まれない」と判断された事例があります（東京地裁平成25年1月22日判決・判例タイムズ1413号373頁）。

　申告料が少額であることや、これまで一貫して原始資料や帳簿を確認しないで業務を行っていた、などの事情があれば、ある程度は立証できるかと思います。

　それが立証できれば、過去の懲戒処分事例を見ても、類似事例は見当たらないので、懲戒処分にまでは至らないものと思います。

　なお、可能であれば、今後は契約書を締結し、契約書における業務の内容を「完成した会計データをもとに、会計データの内容を確認することな

く、税務書類を作成するものとする」などと記載することも検討されると
よいでしょう。

1-7 税理士が作成した申告書に署名押印しないことは許されるか

[質問]

> 資料不足や経理内容に疑義があり、税理士として申告書を作成しても署名押印できないケースがあると思います。
> そのような場合、申告書は顧問先から税務署に提出してもらうことになると思いますが、顧問先が税務署に提出する申告書には、申告書を作成した税理士の署名押印は必要でしょうか。

[回答]

税理士法第33条第2項は、「税理士又は税理士法人が税務書類の作成をしたときは、当該税務書類の作成に係る税理士は、当該書類に署名押印しなければならない。」と規定しています。

税理士が、申告書等税務書類の作成をしたときは、署名押印が必要とされています。税理士法第2条第1項第2号の「税務書類の作成」とは、税務書類を自己の判断に基づいて作成することとされています（税理士法基本通達2-5）。

したがって、税理士が当該申告書を自己の判断に基づいて作成した場合には、申告代理をしなくても、税理士は当該申告書に署名押印をしなければならない、ということになります。

この場合の税理士と依頼者との契約は委任契約ではなく、申告書の完成を目的とした請負契約と解釈される場合が多いでしょう。

そして、税理士の署名押印された申告書を依頼者に交付することによって業務は終了し、依頼者が代理権限証書を添付せずに申告書を税務署に提

出することになるかと思います。

[損害賠償請求への対策]
　なお、過去の裁判例では、税理士が所得税確定申告にあたって、依頼人に対し申告書作成に必要な原始資料の提出を求めたが、依頼者はこれを拒否し、依頼人の指示する不適法な方法で確定申告をするよう要請され、その旨申告したが、その際、重加算税などの説明をしなかったため、納税を余儀なくされたとして損害賠償を請求され、それが認められたものがあります（前橋地裁平成14年12月6日判決・TAINS　Z999-0062）。
　資料不足や経理内容に疑義がある状態で申告書を作成した場合には、将来修正申告又は更正にともない過少申告加算税、延滞税、重加算税等の不利益が発生する可能性がある旨を説明し、証明したことを証拠化しておく必要があります。

1-8 依頼者の脱税と顧問税理士の責任

[質 問]

> A社と顧問契約を締結し、法人税の申告書を作成しています。
> 会計帳簿の内容に疑義があり、原始資料を見せるよう顧問先に要望したところ、拒否されました。
> 内容としては、A社からB社への支払いの経費性です。仮に当該経費が架空のものであり、A社が脱税をしている場合、脱税ほう助としてA社の税理士が懲戒を受けることはありますか。
> A社から仮装隠ぺいの事実はないことについて念書を取っておくことは有効でしょうか。

[回 答]

　法人税法上の脱税の共犯については、脱税は故意犯となりますので、今回の場合は故意がなく、税理士に犯罪が成立する、ということはないと考えます。
　次に、脱税ほう助に関する懲戒処分の規定は、税理士法第45条です。次のように規定しています。

> 税理士法第45条
> 1　財務大臣は、税理士が、故意に、真正の事実に反して税務代理若しくは税務書類の作成をしたとき、又は第36条の規定に違反する行為をしたときは、2年以内の税理士業務の停止又は税理士業務の禁止の処分をすることができる。
> 2　財務大臣は、税理士が、相当の注意を怠り、前項に規定する行為をしたときは、戒告又は1年以内の税理士業務の停止の処分をすることができる。

　今回の場合、「故意」は考えられないでしょうから、第2項の「相当の注

意を怠り」といえるかどうかが問題となります。
　この点については、税理士法基本通達があります。

> 税理士法基本通達45-2
> 　法第45条第2項に規定する「相当の注意を怠り」とは、税理士が職業専門家としての知識経験に基づき通常その結果の発生を予見し得るにもかかわらず、予見し得なかったことをいうものとする。

　つまり、Ａ社の税務書類を作成する際に、「税理士が職業専門家としての知識経験に基づき、通常Ｂ社に対する支払いが架空であることについて、予見し得るにもかかわらず、予見し得なかった」かどうかが問題となります。
　ご注意いただきたいのは、ここでは、「依頼者の故意」は要件となっていないことです。依頼者が故意に脱税したかどうか問題とされておらず、あくまで税理士が税務書類を作成する際の事情が検討されることとなり、「相当の注意」を払わずに真正な事実に反して税務書類の作成をした場合には、懲戒処分の対象になり得る、ということです。

[対 策]

　ということは、Ａ社から経理に仮装隠ぺいの事実はないことについて念書を取っておくよりも、相当の注意を払って、「真正な事実」であるかどうかを確認する方が重要である、ということになります。
　むしろ、念書を取った、ということは、「脱税に気づき得た」ということを推認させることとなってしまいます。
　したがって、Ａ社とＢ社の契約書、請求書、振込票、領収証、納品書その他によって、実態の把握に努める方が重要になってくる、と思われます。
　それでもＡ社が資料を提示してくれない場合には、顧問契約を解約することを検討することをおすすめします。

第1章　税理士法に関する質疑応答

1-9　税理士法人の無限連帯責任の法的根拠

[質問]

税理士法人を経営しています。税理士法人の社員には、無限連帯責任があると承知しておりますが、税理士法を読んでも、その根拠条文が見当たりません。どこを読めばよいでしょうか。

[回答]

税理士法第48条の21第1項は、次のように規定しています。少し読みにくいですが、掲載します。

税理士法第48条の21第1項
　一般社団法人及び一般財団法人に関する法律（平成18年法律第48号）第4条並びに会社法第600条、第614条から第619条まで、第621条及び第622条の規定は税理士法人について、同法第580条第1項、第581条、第582条、第585条第1項及び第4項、第586条、第593条、第595条、第596条、第599条、第601条、第605条、第606条、第609条第1項及び第2項、第611条（第1項ただし書を除く。）、第612条並びに第613条の規定は税理士法人の社員について、同法第589条第1項の規定は税理士法人の社員であると誤認させる行為をした者の責任について、同法第859条から第862条までの規定は税理士法人の社員の除名並びに業務を執行する権利及び代表権の消滅の訴えについて、それぞれ準用する。この場合において、同法第613条中「商号」とあるのは「名称」と、同法第615条第1項、第617条第1項及び第2項並びに第618条第1項第2号中「法務省令」とあるのは「財務省令」と、同法第617条第3項中「電磁的記録」とあるのは「電磁的記録（税理士法第2条第1項第2号に規定する電磁的記録をいう。次条第1項第2号において同じ。）」と、同法第859条第2号中「第594条第1項（第598条第2項において準用する場合を含む。）」とあるのは「税理士法第418条の14第1項」と読み替えるものとする。

この中で、会社法第580条第1項を準用しています。

会社法第580条第1項は、次のように規定しています。

> 会社法第580条第1項
> 　社員は、次に掲げる場合には、連帯して、持分会社の債務を弁済する責任を負う。
> 一　当該持分会社の財産をもってその債務を完済することができない場合

この規定は、持分会社における社員の無限連帯責任を定めるものですが、この規定が税理士法人に準用されることになります。

その結果、税理士法人の財産をもってその債務を完済することができない場合には、税理士法人の社員は、全員、連帯して、税理士法人の債務を弁済する責任を負う、ということになります。

以上が、税理士法人の社員の無限連帯責任の根拠規定ということになります。

第1章　税理士法に関する質疑応答

1-10　税理士業務と弁護士法第72条違反

[質問]

> 顧問先が金融機関からの借入金の返済が厳しい状況であり、金融機関に同行して返済猶予の交渉をしてほしいと依頼されています。
> 　返済計画の作成や資金繰りの説明はできると思いますが、返済猶予の交渉が非弁行為にならないか心配しております。大丈夫でしょうか。

[回答]

　一般に「非弁行為」というのは、弁護士法第72条違反のことです。

> 弁護士法第72条
> 　弁護士又は弁護士法人でない者は、報酬を得る目的で訴訟事件、非訟事件及び審査請求、再調査の請求、再審査請求等行政庁に対する不服申立事件その他一般の法律事件に関して鑑定、代理、仲裁若しくは和解その他の法律事務を取り扱い、又はこれらの周旋をすることを業とすることができない。ただし、この法律又は他の法律に別段の定めがある場合は、この限りでない。

　そして、弁護士法第77条では、第72条の規定に違反したものは2年以下の懲役又は300万円以下の罰金に処する、との罰則を定めています。
　税理士が弁護士法第72条に該当する行為を行った場合には、弁護士法第72条違反として、刑罰の対象となる、ということです。
　どのような場合に弁護士法第72条違反に該当するかについては、最高裁平成22年7月20日判決があります。
　この事例は、賃貸借契約の対象となっている建物の明渡し交渉を行った者につき弁護士法第72条違反が問われたものです。この事案について、最

高裁は、

「被告人らは、多数の賃借人が存在する本件ビルを解体するため全賃借人の立ち退きの実現を図るという業務を、報酬と立ち退き料等の経費を割合を明示することなく一括して受領し受託したものであるところ、このような業務は、賃貸借契約期間中で、現にそれぞれの業務を行っており、立ち退く意向を有していなかった賃借人らに対し、専ら賃貸人側の都合で、同契約の合意解除と明渡しの実現を図るべく交渉するというものであって、立ち退き合意の成否、立ち退きの時期、立ち退き料の額をめぐって交渉において解決しなければならない法的紛議が生ずることがほぼ不可避である案件に係るものであったことは明らかであり、弁護士法72条にいう「その他一般の法律事件」に関するものであったというべきである。そして、被告人らは、報酬を得る目的で、業として、上記のような事件に関し、賃借人らとの間に生ずる法的紛議を解決するための法律事務の委託を受けて、前記のように賃借人らに不安や不快感を与えるような振る舞いもしながら、これを取り扱ったのであり、被告人らの行為につき弁護士法72条違反の罪の成立を認めた原判断は相当である。」

としています。

ポイントは、「交渉において解決しなければならない法的紛議が生ずることがほぼ不可避」というところにあります。このような交渉に報酬を得て関与すると、弁護士法第72条違反になる、ということです。

次に、行政書士に関する事案ですが、東京地裁平成27年7月30日判決は、「被告は、亡Aの相続手続に関し、将来法的紛議が発生することが予測される状況において書類を作成し、相談に応じて助言指導し、交渉を行ったものといわざるを得ず、かかる被告の業務は、行政書士の業務(行政書士法1条の2第1項)に当たらず、また、弁護士法72条により禁止される一般の法律事件に関する法律事務にあたることが明らかであるから、

行政書士が取り扱うことが制限されるものというべきである（同旨、最高裁第1小法廷判決平成22年7月20日、判例時報2093号161頁参照）。」
と判示し、弁護士法第72条違反を認定しています。

ここでも、「将来法的紛議が発生することが予測される状況」という言葉が使われています。

以上より、
(1) 無報酬であれば違法ではない
(2) 交渉において法的紛議が予測される場合は違法の可能性がある
ということになります。

今回、同席自体は報酬を得ないものかもしれませんが、顧問先との関係では顧問料を得ているからこそ同席するのであり、全体として見ると、同席に対する報酬を得ている、という評価になる可能性が高いでしょう。

したがって、無報酬とはいえないと考えます。

次に、法的紛議についてですが、同席の上、税務上の見解や返済計画表の説明をするだけであれば法律事務を取り扱ったことにはならないと考えますが、それを超えて、返済猶予の要請等にまで踏み込むと貸金返還請求に関する法的紛議について交渉したとみなされ、弁護士法第72条違反になる可能性があると考えます。

第2章

税理士と依頼者との法律問題に関する質疑応答

2-1 事前確定届出給与に関する説明助言義務

[質 問]

> 顧問先のＡ社では、ある事業年度に「事前確定届出給与」制度を利用したいという希望があったので、株主総会指導、書類作成、提出等の手続をしました。
> 　当該事業年度の申告をしましたが、その後、顧問契約を解約されました。顧問先は、翌事業年度も役員賞与を支払ったそうですが、「事前確定届出給与」の手続はしていなかったそうです。
> 　その後、税務調査が入り、「事前確定届出給与」の手続をしていないため、役員賞与の損金算入を否認されて法人税の納税が発生し、かつ、過少申告加算税、延滞税が課されたということです。
> 　そこで、顧問先から当該損害賠償を請求する旨の手紙が届きました。私に損害賠償責任は発生するでしょうか。

[回 答]

　事前確定届出給与を適用する場合、①株主総会等決議、②届出書提出、③給与の支給、という手続になるかと思います。

　今回は、①と②が欠けている、ということでよろしいでしょうか。

　まず、今回の事案が「届出書提出」を失念した事案かどうかについて検討します。税理士が届出書を提出する義務を負っていたかどうか、という点です。

　この点は、株主総会等の決議日や支給金額が不明であれば届出書は出せないので、金額が不明である以上、「提出する義務」はありません。また、株主総会等の決議が実際になければ、提出することもできません。

したがって、本件は「提出失念」事案ではないと考えます。

今回の損害賠償請求の理由としては、「事前確定届出給与を適用するのであれば、〇年〇月〇日までに株主総会等の決議をし、税務署に議事録と届出書を提出しなければならない」ということを助言しておく義務があったかどうか、ということになります。

つまり、「説明助言義務」事案ということになります。

そうなると、委任契約の内容が問題となるので、契約書をご確認ください。

契約内容に「節税コンサルティング契約」などが入っていると、説明助言義務違反になる可能性があります。契約内容に「節税コンサルティング契約」が含まれていない場合には、通常の税理士業務上の説明助言義務違反の問題となります。

過去に、事前確定届出給与を採用したいと述べたのは、顧問先の方からであり、もともと顧問先は事前確定届出給与に関する知識を有していたと考えられること、前期の決算内容を検討し、事前確定届出給与を支給するかどうかを判断するのは会社であること、すでに前期に同給与を採用し、機関決定や届出書の提出が必要なことは会社も知っていたこと、一般的に事前確定届出給与について全ての関与先に説明する義務はないと考えられること、などは説明助言義務を否定する方向に傾きます。

あとは本件の総合的な事情を考慮した上での判断となりますが、私としては損害賠償責任はない、という判断になると考えます。

[補　足]

事前確定届出給与は、役員の職務につき所定の時期に確定した額の金銭を交付する旨の定めに基づいて支給する給与です。届出期限は、その給与に係る決議をする株主総会等の決議の日、又は職務の執行を開始する日の

いずれか早い日から1月を経過する日とするのを原則としています。

　裁判例として、法人が、事前確定届出給与につき、冬期分については届け出た所定の時期に支給したが、夏期分については、税務署長に届け出た額よりも少ない金額を支給した事案において、給与の支給に係る恣意性の排除と課税の公平という制度趣旨にかんがみ、冬期分、夏期分を含め、その年度に支給した消費の全額を損金に算入できない、としたものがあります（東京地裁平成24年10月9日判決、控訴審同旨）。

　したがって、事前確定届出をした場合には、届出額を増額する場合だけでなく、減額する場合も損金不算入となることに注意が必要です。

2-2　関与先本人以外の税務相談に関する回答義務

[質問]

　顧問契約を締結している関与先から、関与先の税務相談ではなく、関与先が受任した仕事に関する税務について質問を受けることがあります。

　例えば、関与先は不動産会社なのですが、その会社が仲介をしたお客さんの土地を譲渡した場合、税金はどうなるのかなどの質問があり、税務上有利と判断した場合、譲渡を実行し、仲介をするような流れです。

　税務相談は顧問契約書に記載しておりますが、関与先本人以外の税務の話については、答える義務はあるのでしょうか。また、助言にミスがあって事故が起こった場合は、私に損害賠償責任があるのでしょうか。

[回答]

　関与先本人以外の税務相談に関して回答義務があるかどうかは、顧問契約の解釈によります。

　通常は、顧問契約の範囲外という解釈になると思いますが、関与先としては、自分の依頼者の税務相談を含めて、顧問契約を締結したのだ、という認識かもしれません。

　ちなみに、私が提供している税務顧問契約書では、

「委任業務の範囲は、甲に関する業務に限り、甲に関係のある、あるいは関係のない個人又は法人に関する業務は一切含まれないこととし」

となっているので、顧問契約の範囲外ということになると考えます。

第 2 章　税理士と依頼者との法律問題に関する質疑応答

　今後のことについては、関与先との話合い次第ということになると思います。
　これまでの助言にミスがあって、事故が起こった場合には、次のようになるでしょう。
　通常は、税務相談は税理士しかできませんので、不動産会社は税務相談を受任する、ということはなく、不動産業者としての一般的な自分の見解を述べただけなので、税理士は損害賠償責任を負担しないことが多いと思います。
　仮に、不動産会社が依頼者から税務相談を受任したと解釈された場合、これに回答することは税理士法違反となります。
　しかし、助言が無効となるわけではありません。不動産会社が税務上の助言を含めて依頼を受け、税務上の助言に誤りがあった場合は、関与先が損害賠償責任を負担する可能性があります。
　そして、当該関与先から税務相談を受け、税理士の助言に誤りがあった場合、関与先が賠償した損害賠償金について、関与先から損害賠償請求を受ける可能性があります。

2-3　税理士報酬を役員報酬として受領することの可否

[質　問]

> 親族の会社の法人税の申告を頼まれたのですが、顧問料で報酬をいただくのではなく役員報酬で報酬をもらいたいと考えています。
> その場合、税理士法違反になることはあるのでしょうか。また、もし役員に入った場合、税理士として法人税の申告書にサインするのは税理士法上、問題ないのでしょうか。

[回　答]

　この場合には、取締役の立場と税理士の立場を分けて考えるのがよろしいかと思います。

　法人税の申告書に税理士として署名押印するのは、税理士自ら作成した申告書である以上、合法です。これは、報酬の有無を問いません。

　したがって、税務代理の部分では、無報酬による委任契約書を締結することになると思います。

　次に、税理士が取締役になれるか、についてですが、これを制限する法律はありません。したがって、可能だと思います。

　なお、税理士と監査役の兼任については、可能かどうかについて議論があるところだと思います。

　次に、取締役として報酬を得てよいか、についてですが、報酬は職務の対価となりますので、報酬を得る以上は取締役として、取締役会への出席等の実態を整えておく必要があると思います。

　税務書類の作成に対する報酬ではなく、あくまでも取締役としての職務の報酬ということになるかと思います。

第2章 税理士と依頼者との法律問題に関する質疑応答

　ご親族の会社なので、法的な問題に発展することは少ないでしょうが、税務上の問題が発生する可能性があるためです。

2-4　期限間近の申告業務の依頼の断り方

[質 問]

　法人税について、3月決算・5月申告の依頼が3月にありました。
　会計データを受領したところ、12月までは会計データの入力がありましたが、1月〜3月までの入力がありません。また、内容も1年分遡らないと正確な会計データにできない状態です。
　1年分を遡って顧問料をもらうわけにはいかないので、3月分まで前任税理士に入力してもらうよう会計データを返却しました。
　まだ契約書を締結していませんが、この状況で申告期限ぎりぎりに資料が提出されたり、あるいは提出された資料が不十分で申告に耐えないようなものしか提出されない場合には依頼を断りたいと思います。
　その場合、税理士が損害賠償責任を負担することがあるでしょうか。

[回 答]

　本件では、「期限内申告が不可能になった」として後日紛争が生じる可能性があります。
　契約書は締結していませんが、契約は口頭でも成立するので、納税者側では、「引き受けると言った」と主張して、紛争になる可能性があります。
　「契約は成立していない」となった場合でも、納税者において、「税務書類を作成してくれると期待するのも、もっともな状況」であると認定され、「契約締結上の過失」を問われて、損害賠償請求をされる可能性があります。

[対 策]

「契約締結上の過失」というのは、契約が成立していない場合にも損害賠償責任を認める概念です。契約締結の段階、又はその準備段階における契約締結を目指す一方の当事者の過失であり、契約内容に関する重要な事項について調査・告知しなかったり、相手方の合理的期待を裏切るような行為をすることにより、契約締結後、あるいは契約不成立により不測の損害を被った相手方を救済するための法理論をいいます。

したがって、この契約締結上の過失にも該当しないよう注意する必要があります。

そこで、

① まだ契約は成立していないこと
② 契約するかどうかは、提出された資料を確認して税理士が判断すること

を明確にし、証拠として残しておく必要があります。

例えば、次のような書面を送付する方法があります。

「このたびは、〇年〇月期の法人税、消費税、地方消費税の税務書類の作成及び申告代理業務のお申し込みをありがとうございました。契約をさせていただくかどうか、判断するにあたり、〇年〇月〇日までに、〇年〇月〜〇年〇月までの会計帳簿をご提出いただくようお願い申し上げます。

　上記会計帳簿をご提出いただいた上で、内容を確認し、契約をお受けするかどうか判断させていただきたいと思います。」

そして、契約を締結しないこととした場合も、書面にてお断りをすることをおすすめします。

仮に、受任する場合、会計データが不十分な場合には、税務書類の内容にも誤りが生ずる可能性があります。その場合、後日、加算税、延滞税、

2-4 期限間近の申告業務の依頼の断り方

重加算税等が賦課されたときに、損害賠償請求を受ける可能性があります。

損害賠償を回避するためには、会計データの正確性の確認を契約範囲から除外するとともに、将来の不利益を説明しておく必要があります。

したがって、次の作業が必要となります。

(1) 契約書における受任範囲としては、「会計帳簿は依頼者が作成し、税理士は当該会計帳簿の数字を前提として税務書類を作成することとし、会計帳簿の内容の正確性や原始資料を確認する義務を負わないものとする」というような記載をしておくこと。

(2) 内容が不正確な税務書類の場合には、後日の税務調査により、加算税、延滞税、重加算税等が賦課される可能性があります。そのような不利益が予想されるときには、税理士は当該不利益を依頼者に説明し、修正申告の検討などを助言する義務がありますので、その助言指導をし、書面による証拠を残しておくこと。

2-5 顧問先が事実を隠した場合の税理士の責任

[質問]

> 顧問先が事実を隠し、または虚偽の報告を税理士に行ったことにより脱税になってしまった場合、税理士は懲戒処分の対象となってしまうのでしょうか。
> また、懲戒処分の対象となってしまった場合、税理士に損害が生じますが、その損害を顧問先に請求することは可能でしょうか。

[回答]

本件では、3つの問題が発生します。
(1) 顧問先から税理士に対する損害賠償請求
(2) 税理士の懲戒処分
(3) 税理士から顧問先に対する損害賠償請求

(1) 顧問先から税理士に対する損害賠償請求

東京地方裁判所平成24年12月27日判決は、
「税理士は、委任者の説明に基づき、その指示にしたがって申告書等を作成する場合にも、委任者の説明及び指示のみに基づいて事務処理を行えば足りるというものではなく、税務の専門家としての観点から、委任者の説明内容を確認し、それらに不適切な点があって、これに依拠すると適切な税務申告がされないおそれがあるときには、不適切な点を指摘するなどして、これを是正した上で、税務代理業務等を行う義務を負うと解される。」
と述べ、税理士の損害賠償責任を認めています。

そこで、顧問先が事実を隠した場合でも、税理士が隠匿事実や虚偽説明を推測可能であるときは、税理士は不適切な点を指摘する義務があります。

この義務を怠り、顧問先に重加算税などが課された場合には、顧問先から税理士に対する損害賠償請求が成り立ちます。ただし、その原因はおおいに顧問先にありますので、過失相殺により、かなりの減額がされることになります。

前橋地裁平成14年12月6日判決（TAINS　Z999-0062）は、税理士が所得税確定申告にあたって、依頼人に対し、申告書作成に必要な原始資料の提出を求めたが、依頼人がこれを拒否し、依頼人の指示する不適法な方法で確定申告をするよう要請され、その旨申告したが、その際、重加算税などの説明をしなかったため、納税を余儀なくされたとして、損害賠償請求をされ、認められたものです。ただし、依頼者側に9割の原因があるとして、過失相殺されました。

(2) 税理士の懲戒処分

税理士法第45条第2項は、『税理士が、「相当の注意を怠り」、真正の事実に反して税務代理若しくは税務書類の作成をしたときは、戒告又は2年以内の税理士業務の停止処分にする』と定めています。

そして、税理士法基本通達45-2で、『法45条第2項に規定する「相当の注意を怠り」とは、税理士が職業専門家としての知識経験に基づき通常その結果の発生を予見し得るにもかかわらず、予見し得なかったことをいうものとする。』とされています。

したがって、顧問先が事実を秘匿し、又は虚偽の説明をしたとしても、それらが税理士の職業専門家としての知識経験に基づき、通常その結果の発生を予見し得るにもかかわらず、予見し得なかったかどうかが問われることになります。

そして、税理士が業務上の注意をしていればそれらを明らかにできたにもかかわらず、気づくことができなかった、というときは懲戒処分の可能性があります。

(3) 税理士から顧問先に対する損害賠償請求

税理士が懲戒処分になったときは、その原因は顧問先が虚偽説明をしたことと税理士の注意義務違反が競合したことによります。

したがって、税理士は依頼者に対して損害賠償請求ができますが、過失相殺により減額がされることになると考えます。

以上により、税理士と顧問先との間で、どのような情報のやり取りがあったのか、が問題となります。相当の注意を怠らなかったことに関する事実の組立てをしておくことが肝要かと思います。

[補 足]

東京地方裁判所平成24年12月27日判決を紹介します。

税理士が、消費税の税務書類の作成・税務代理業務を受任しました。依頼者は、自宅の一部を会社に賃貸し、その賃料を受領していましたが、税理士から給与以外の収入があるか質問された際に、「ない」と回答したので、税理士はそれを前提として、消費税課税事業者選択届出書を提出しなかった、という事案です。

この事案において、裁判所は、

「税理士は、委任者の説明に基づき、その指示に従って申告書等を作成する場合にも、委任者の説明及び指示のみに基づいて事務処理を行えば足りるというものではなく、税務の専門家としての観点から、委任者の説明内容を確認し、それらに不適切な点があって、これに依拠すると適切

な税務申告がされないおそれがあるときには、不適切な点を指摘するなどして、これを是正した上で、税務代理業務等を行う義務を負うと解される。」
としました。
　その上で、
「原告は、被告（税理士）に対し、給与及び株式譲渡による収入（いずれも、消費税法上の課税売上げに当たらない。）以外の収入はないと説明したことが認められる一方、原告は、被告（税理士）に対し、A社を実質的に経営していることを告げており、また、被告は、A社の本店所在地と原告の自宅住所地が同じであることを認識していたことが認められる。このような事実からすれば、税務の専門家である被告にとって、原告が自宅をA社に賃貸することによって賃料収入を得ている可能性があることは、容易に推測可能であったというべきである。」
と判断して、税理士の注意義務違反を認めました。

第2章 税理士と依頼者との法律問題に関する質疑応答

2-6　株価評価の資料不足と税理士の損害賠償責任

[質　問]

> 　相続税申告の依頼がありました。被相続人は会社を経営しており会社の株を保有していました。したがって、相続税の申告にあたり、株価評価をする必要があります。
> 　しかし、当該法人は、これまで法人税の申告をしておらず、帳簿もない、ということなので、株価評価ができず、かつ遡って期限後申告をすることもできません。
> 　このような状態で株価を概算評価し、相続税申告をし、後日の税務調査で否認されて追加の納税、加算税、延滞税、重加算税等が賦課された場合、税理士損害賠償責任の対象になるでしょうか。
> 　契約書に「損害賠償請求をしない」旨を記載しようと思っています。

[回　答]

　本件は、相続税申告業務となりますので、対消費者との契約であり、消費者契約法の適用対象となります。

　消費者契約法第8条には次のような条項があります（2019年6月15日改正法施行）。

> 消費者契約法第8条
> 　次に掲げる消費者契約の条項は、無効とする
> 　一　事業者の債務不履行により消費者に生じた損害を賠償する責任の全部を免除し、又は当該事業者にその責任の有無を決定する権限を付与する条項
> 　二　事業者の債務不履行（当該事業者、その代表者又はその使用する者の故意又は重大な過失によるものに限る。）により消費者に生じた損害を賠償する責

> 任の一部を免除し、又は当該事業者にその責任の限度を決定する権限を付与する条項
> 三　消費者契約における事業者の債務の履行に際してされた当該事業者の不法行為により消費者に生じた損害を賠償する責任の全部を免除し、又は当該事業者にその責任の有無を決定する権限を付与する条項
> 四　消費者契約における事業者の債務の履行に際してされた当該事業者の不法行為（当該事業者、その代表者又はその使用する者の故意又は重大な過失によるものに限る。）により消費者に生じた損害を賠償する責任の一部を免除し、又は当該事業者にその責任の限度を決定する権限を付与する条項

したがって、契約書で「損害賠償請求をしない」旨記載しても、消費者契約法で無効となってしまうことになります。

ただし、業務を行う過程で、将来依頼者に損害が発生することが予想されたときに、損害が発生したとしても税理士に対する損害賠償請求は免除する、という趣旨の「債務免除」をした場合には、契約締結段階の免責条項ではないので有効だと考えます。

東京地裁平成18年4月18日判決（TAINS　Z999-0105）は、個人の不動産所得に係る所得税申告業務において、債務免除の誓約書があった事例に関して、「債務免除の意思表示は、必ずしも債務の存在を確定的に認識していなくとも」その「程度の債務発生の可能性に対する認識があれば有効になし得る」としました。

[対　策]

以上を前提に整理します。
① 相続人全員と契約書を締結し、契約書の損害賠償条項には、損害賠償の一部免除条項入り条項を記載しておく
② 完成した申告書と引き換えに、次のような確認書面を交付し、受領印を得ておく

- 法人に関する業務は一切受託していないこと
- 相続税の申告にあたっては、法人の株価を算定し、相続財産に入れる必要があることを説明したこと
- 法人税の申告をしておらず、かつ、財務書類も会計帳簿もないので、正確な株価算定ができないため、今回は株価算定をせず、いったん依頼者の指定する株価において相続税を申告すること
- 今回の相続税申告では、依頼者の責任において、株価を○円と評価して相続税を申告すること
- 法人税申告をしていないことは、後日の税務調査で無申告加算税、延滞税、重加算税という不利益や刑罰などを受ける可能性があるので、早急にすべきことを助言したこと
- 一旦、相続税申告をするものの、法人の株価算定をしていないので、後日、修正申告等が必要となり、追加の納税、加算税、延滞税、重加算税等の不利益が発生する可能性があるため、改めて資料を精査し、株価を算定して、修正申告等を検討した方がよい旨の助言をし、依頼者が了解したこと。その際は、資料収集の上、改めて税理士に委託することとし、今回の契約には、修正申告の検討及び修正申告書の作成・申告代理業務は含まれていないこと
- 上記の結果、将来依頼者に損害発生が予想されるが、税理士に対しては、一切の損害賠償義務を免除すること

[補足]

　本件のように資料が不足する状況で税務申告をしなければならない場合や申告期限まで時間がなく、資料を十分に精査する時間的余裕がない状況で税務申告をしなければならない場合があります。

　そのような場合に注意すべき点があります。

2-6 株価評価の資料不足と税理士の損害賠償責任

東京地裁平成22年12月8日判決の事案は、次のようなものです。

依頼者の法人は、他社を吸収合併し、合併を機に会計ソフトを変更しました。法人の経理担当者は、会計ソフトに勘定科目や、各勘定科目ごとに消費税の課税仕入れとなるか否かの区別などを初期設定しましたが、本来課税仕入れの対象とならない会社と雇用関係にある派遣対象者に対する賃金・給料等の支払いを、「労務賃金」の勘定科目に設定し、誤って課税仕入れの対象に設定しました。

税理士は、法人の勘定科目の誤りに気づかずに、消費税及び地方消費税の申告を行った結果、後に、過少申告加算税、延滞税等の納付を要することとなった、という事案です。

この裁判において、税理士は、法人が使用する会計用ソフトウェアの不調等から集計表の送付が遅滞し、被告には税務申告までの十分な時間が与えられなかったと抗弁しましたが、裁判所は、「税務申告の検討に十分な時間がなかったのであれば、ひとまず原告の送付した資料に依拠して申告した上で、修正申告を念頭に置いて、十分な検討を行うことなども考えてしかるべきであった」と判示しました。

したがって、申告期限までに十分な時間的余裕がない場合には、一旦申告するも、その後で依頼者に対し、将来の不利益を説明した上で、資料の精査、修正申告の可能性などを助言して、その証拠を残しておくことが望ましいでしょう。

2-7 顧問契約書の遡及締結の可否

[質問]

顧問契約について3点教えていただきたい点があります。
(1) 契約の際、法人は実印で契約書を作成していますが、個人のお客さんの中には認め印を持ってくる方もいます。
　名前も自署ではなくPCで打ち込んだものに認印がついているような場合、契約書の効力はあるのでしょうか。この場合、後から自署してもらったほうがよいのでしょうか。
　私自身の捺印をする際は、職印を使い、できるだけ実印を使用したくないのですが、契約の効力に影響はあるのでしょうか。
(2) 5年前に顧問契約を口頭で行っていますが、今から遡って5年前からの顧問契約を書面にて締結するのは問題ないでしょうか。
(3) また、この場合、契約書の日付は今の日付か過去の日付か、どちらにするべきでしょうか。

[回答]

　まず、法律的な説明ですが、契約は口頭でも成立します。したがって、実印でも認め印でも、口頭でも成立することになります。
　自署・実印を求めるのは、契約の内容における意思表示の合致をより高度に立証しようとするためです。
　もっとも望ましいのは自署・実印・印鑑証明付であり、こうなると「知りません」は、ほぼ通用しません。不動産売買など、意思表示に瑕疵がある場合に重大な紛争になるような契約の場合には、自署・実印・印鑑証明付で行う傾向にあります。

次は、自署・認め印です。この場合も自署があり、筆跡鑑定で証明できるので、「知りません」は通用しにくいです。

　次に、PCでの不動文字・認め印の場合ですが、「知りません」と言われた場合、その印鑑がその人の認め印であり、その人が捺印したかどうかを立証できるかどうかが問題となります。

　この点、不動産売買などの1回的契約だと激しく争われることになります。

　しかし、税理士業務の場合、契約締結をし、その後、継続的な業務が発生しますので、立証は1回的契約ほど難しくありません。実際に申告業務等を行ってもらいながら、「契約は締結していません」というのは通りにくい、ということです。

　この場合、「何月何日に、どこで、捺印をしたか」が争点となりますので、契約のご案内のメールや日程調整のメール、契約後の「昨日は、契約書へのご捺印をありがとうございました。」などのメールを契約書と一緒に保存しておくとよろしいかと思います。

　次に、「後日、自署をいただいた方がよいか」という質問については、可能であれば自署はいただいておいた方がよろしいかと思います。なお、税理士の方の印鑑は、職印で問題ありません。

　最後に、遡及的契約についてですが、5年前の日付で契約することも可能ですが、5年前から効力を有するかどうかが定かではありません。

　したがって、現在の実際の契約年月日を記載した上で、「本契約の各条項は、〇年〇月〇日以降の甲と乙との業務にも遡及して適用されるものとする」と5年前の日付を記載し、契約期間も過去に遡ったものを記載することにより、効力を過去に遡らせることができると考えます。

2-8 委任契約と請負契約における責任範囲の違い

[質 問]

> 税理士と依頼者との契約に関する質問です。
> (1) 依頼者と契約を締結する場合、委任契約と請負契約では責任の範囲の違いはあるのでしょうか。
> (2) 税理士が税務書類の作成は行うが、税務代理を行わない契約の場合、税賠や懲戒処分などのリスクの軽減になるでしょうか。

[回 答]

委任契約と請負契約では、責任範囲が異なります。

(1) [委任契約]

委任契約は、当事者の一方（委任者）が一定の行為をすることを相手方（受任者）に委託することです。

税理士が申告代理を受託した場合には、税理士と依頼者との関係は委任契約とされています（最高裁昭和58年9月20日判決）。

この場合、事務処理の過誤等は、「善管注意義務違反」という債務不履行で損害賠償責任を負担することになります。

しかし、税理士と依頼者との契約が請負契約と解釈される場合もあります。

(2) [請負契約]

請負契約は、当事者の一方がある仕事を完成することを約束し、相手方がその仕事の結果に対して報酬を支払うことを約束する契約です。

税理士の場合には、「税務申告書の完成を請け負い、それに対し、報酬を

いただく」という趣旨の契約を締結した場合です。税務申告書は作成するが、作成して業務は完了し、申告代理等を行わないような場合です。

　税理士と依頼者との契約が請負契約である場合には、税務申告書が完成しなければ債務不履行ですが、完成した税務申告書の内容に過誤があった場合は、債務不履行ではなく、「瑕疵担保責任」という責任になります。

　瑕疵担保責任というのは、仕事の目的物に瑕疵がある場合には、注文者は瑕疵修補請求権、損害賠償請求、瑕疵の程度により契約の解除をすることができます。

　委任契約の場合と請負契約の場合では、契約書の書き方も異なってきます。

　委任契約の場合には、税務申告書を作成して申告を代行する、という法律事務を受託することになります。他方、請負契約の場合には、事務の代行ではなく、「税務申告書」の作成のみを請け負う、ということになります。責任の法的性質が異なる、ということです。

　なお、(2)についてですが、申告書が未完成、という事態はあまり想定されないと思いますので、完成後の申告書にミスがあった場合に税賠の問題が出てきます。

　委任契約の場合には、善管注意義務違反、請負契約の場合には瑕疵担保責任です。なお、2020年4月1日以降は、「瑕疵担保責任」は、「契約不適合責任」という概念になります。

　ちなみに、税理士と依頼者との契約が委任契約か請負契約かにより、契約書に貼付する印紙の取扱いも変わってくることになります。

印紙税基本通達第2号文書17
　税理士委嘱契約書は、委任に関する契約書に該当するから課税文書に当たらないのであるが、税務書類等の作成を目的とし、これに対して一定の金額を支払うことを約した契約書は、2号文書（請負に関する契約書）に該当するのであるから留意する。

2-9 顧問料の滞納を理由に依頼を断った場合の損害賠償責任

[質問]

> 顧問先が長期にわたり顧問料を滞納しているため、今年は、「滞納している顧問料をお支払いいただけなければ、申告はお断りいたします」と伝えています。
> 　もし、このまま申告期限が過ぎてしまった場合、申告書を提出しなかったことによる顧問先の不利益（無申告加算税、延滞税等）について、当事務所が責任を負う可能性はあるのでしょうか。

[回答]

(1) **契約書がある場合**

　契約書がある場合は、まず業務範囲を確認します。

　業務範囲に、法人税や消費税等の申告業務が記載してある場合には、支払いがない場合も業務を行う義務があります。業務を行った上で、報酬請求権が発生する、ということになります。

　顧問料不払いを理由として申告業務を行わないようにするためには、顧問料不払いを理由に契約の全部又は一部を解除することが必要です。

　そこで、申告書作成や提出にかかる期間を見越して、次のような書面を送付することをおすすめします。

「貴社とは、○年○月○日付顧問契約書を締結していますが、○年○月分〜○年○月分の顧問料をお支払いいただいておりません。
　○年○月○日までにお支払いいただきますよう、お願い申し上げます。仮に、同日までに、その全額のお支払いがない場合には、同日の経過をもって、顧問契約を解除させていただきます。」

(2) 契約書がない場合

　契約書がない場合、受任の有無や受任の範囲が不明確になってしまいます。そこでまず、現在の契約関係がどうなっているのかを書面で証拠に残しておく必要があります。

　また、期限内申告をしないことによる不利益について、助言・指導義務がありますので、そのことについても書面化しておく必要があります。

　そこで、次のような書面を顧問先に送っておくのがよいでしょう。

「貴社とは、口頭にて顧問契約を締結しておりますが、〇年〇月分～〇年〇月分の顧問料をお支払いいただいておりません。

　貴社の法人税及び消費税の確定申告期限は、〇年〇月〇日となっておりますが、上記顧問料の全額を〇年〇月〇日までにお支払いいただけない場合、当職としては、貴社との税務顧問契約を解除するとともに、貴社の法人税及び消費税の確定申告書の作成及び申告代理を受任することはできません。

　上記支払期限内に全額のお支払いができない場合は、貴社ご自身か、あるいは別の税理士にご依頼いただくようお願いいたします。

　なお、申告期限内に確定申告をしない場合、貴社には、無申告加算税、延滞税、事情によっては重加算税等の不利益が発生する可能性がありますので、ご留意いただきますようお願い申し上げます。」

2-10　顧問料の未払いに対する対応

[質問]

> 顧問先が顧問料を支払わない場合の対応についてご教示下さい。
> なお、顧問契約を結んでいませんが、税務申告は電子申告の承諾を得て行っています。このことは契約書に代わるものとして合意があったものとなると思うのですが、これは仕事をした証拠になるでしょうか。

[回答]

税理士と顧問先の委任契約は、口頭でも成立します。しかし、民法第648条は、「受任者は、特約がなければ、委任者に対して報酬を請求することができない。」と規定しており、報酬合意がなければ税理士報酬を請求することはできません。

[対策]

そこで、契約書がなくても、「委任契約の成立及び報酬合意を証明する証拠があれば」顧問料を請求できる、ということになります。

顧問契約の成立及び報酬合意を証明する証拠としては、以下のものが想定されます。

・過去に継続的に発行された請求書
・過去に継続的に振り込まれた銀行預金口座
・税務相談のやり取り
・電子申告等の証拠
・記帳代行業務を受託しているときは納品物

通常、過去の継続的な振込みがある銀行預金口座の履歴があり、かつ、税務相談のやり取りや電子申告等の証拠があれば、契約の存在と顧問料額は証明できるのではないか、と思います。

　顧問料の未払いがある場合には、まず、その金額を増やさないために早期に顧問契約解除の措置をとって未払額を確定し、その後に未払額の請求をしていくのがよろしいかと思います。

　請求方法としては、内容証明郵便で請求し、払ってこなければ訴訟提起、という順番になるかと思います。

2-11 期中の顧問契約解約による報酬の返金

[質 問]

> 顧問先からの申入れにより、顧問契約が解約されました。
> 前期の申告は完了しており、今期分は3カ月分入金がありました。顧問先からは、前期分の一部も返金するよう要求されています。契約書はありません。
> 返金するのは構いませんが、過去の業務についてトラブルになったり、損害賠償請求を受けたりしないようにしたい、というのが希望です。

[回 答]

本件について、今後のトラブル防止を第一目標とするのであれば、次のように進める方法があります。

まず、返還する金銭については、
「契約書がないので、契約の解消を明確にするために覚書を締結したい。締結してくれるのであれば、貴社のご希望どおり○カ月分を返金したい。」
と申し入れます。

覚書の締結について同意が得られた場合には、次のような覚書を締結します。本覚書により、次のことを企図します。

・和解が成立したこと
・説明義務を果たしたこと
・損害賠償を放棄させること

2-11 期中の顧問契約解約による報酬の返金

税理士業務契約解消に関する覚書

　委任者〇〇〇〇（以下、「甲」という）と受任者〇〇税理士事務所（以下、「乙」いう）は、甲が乙に対して委任した税理士業務（以下、「本契約」という）を解消するにあたり、次のとおり覚書を締結する。

1　甲と乙は、〇年〇月〇日付で、甲の乙に対する解約の申し入れにより、本契約を合意により解除した。
2　甲が乙に依頼した委任業務は、全て完了していることを甲乙相互に確認した。
3　乙は、甲より預かり保管中の書類・資料原本を全て返還し、甲はこれを受領したことを確認する。ただし、後日、乙が新たに甲からの預かり保管中の書類・資料原本を発見した場合には、速やかに甲に対し、返還する。
4　乙は、甲に対し、本契約の解約に伴う解決金として、金〇〇万円を、〇年〇月〇日までに、甲の指定する銀行口座宛振込送金して支払う。なお、振込手数料は乙の負担とする。
5　これまでに乙が甲のために処理した税務処理については、すでに説明済みであることを甲乙双方確認した。
6　甲乙間は、本覚書に規定する他、何らの債権債務も存在せず、お互いに未払報酬や損害賠償その他金員の請求をしないことを確認する。

以上
　　　　年　　　月　　　日

甲
　　住所
　　会社名
　　代表者　　　　　　　　　　　　印

乙
　　住所
　　事務所名
　　氏名　　　　　　　　　　　　　印

第 2 章　税理士と依頼者との法律問題に関する質疑応答

　上記の 6 項がポイントとなります。6 項は、「精算条項」と呼ばれるもので、お互いに債権債務関係を精算し、損害賠償請求をしないことを合意するものです。

2-12　前任の税理士との契約解除に伴う確認書の内容

[質 問]

> 先日、急に顧問税理士事務所から、「今月限りで顧問契約を解約したい」と申入れがあったということで、ある法人が私のところに相談に来ました。
> 当事務所にて顧問契約を締結したいと思いますが、その前に前任税理士との契約を解除することになります。前任税理士は高齢のようで、過去の処理が適正になされているかどうか不明です。また後日、問い合わせ等に対応してもらいたいという希望があります。
> そこで、顧問先と前任税理士との間で何らかの書面を交わしておいた方がよいと思いますが、どのような書面を交わせばよいでしょうか。

[回 答]

　前任税理士が高齢ということであれば、税理士業務自体を廃業することも想定されます。したがって、今のうちに会計データを一括してもらっておくとともに、委任契約終了後も委任事務の処理の状況に関して、依頼者ないし依頼者が指定する者から問い合わせがあったときは誠実に対応する、と合意するのがよろしいかと思います。

[対 策]

　会計データ要求の根拠としては、民法第645条となります。
「受任者は、委任者の請求があるときは、いつでも委任事務の処理の状況を報告し、委任が終了した後は、遅滞なくその経過及び結果を報告しなければならない。」

第 2 章　税理士と依頼者との法律問題に関する質疑応答

　これは、会計データの所有権の問題とは別で、委任契約における受任者の義務の問題です（会計データの所有権は税理士にあるとした過去の判例があります）。
　そこで、
　「委任契約の受任者は、民法第645条により、委任契約が終了したときは、遅滞なくその経過及び結果を報告しなければならない、となっているので、これまでに処理した会計データの写しを全てください」
と要求することになります。
　また、顧問先と前任税理士との間で、次のような書類を締結しておくとよいでしょう。
・委任契約が○月○日に終了したこと
・税理士報酬の未払いがないこと
・会計データを○年間保存し、依頼者が希望するときには、当該会計データを依頼者に提供すること
・委任契約終了後も委任事務の処理の状況及び結果に関して依頼者ないし依頼者が指定する者から問い合わせがあったときは誠実に対応すること
・損害賠償条項

　損害賠償の条項は拒否が予想されますが、依頼者の側からは一応希望として入れておく、ということになるでしょう。

[補　足]

　税理士が作成した会計データの所有権が争われた事例に、東京地裁平成25年9月6日判決があります。
　事案としては、税理士が元顧問先に対し、税理士顧問契約に基づく報酬請求として、43万7,940円を請求し、顧問先が反訴として、税理士が保有す

2-12 前任の税理士との契約解除に伴う確認書の内容

る会計データ（電子データ）を引き渡さなかったことが債務不履行だと主張し、143万4,416円の損害賠償その他の請求をした、というものです。

入力された会計データを出力した総勘定元帳は依頼者に送付されていました。争点としては、弥生会計に入力された「会計データそのもの」を依頼者に引き渡す義務があるのかどうか、という点です。

裁判所は、顧問契約においては、税務調査等において必要が生じたときには、会計データを出力することが予定されていたこと、税理士は自分の業務として、自分の保有する会計ソフトを利用して入力していたこと、本件税理士も会計ソフトを共有していない場合は出力した総勘定元帳を送るが、会計データの引き渡し義務はないと供述していること、から税理士が保存していた会計データの所有権は税理士に帰属するため、会計データの引き渡し義務はない、と判断しました。

なお、契約の中に総勘定元帳の作成が含まれていましたので、総勘定元帳を引き渡す義務はあり、出力した総勘定元帳はすでに引き渡されていた、という点に注意が必要です。

第3章

税理士事務所内の問題に関する質疑応答

第3章　税理士事務所内の問題に関する質疑応答

3-1　記帳代行会社の設立にあたっての注意点

[質　問]

> 記帳代行会社の設立を検討しています。
> 記帳代行会社は、私の税理士事務所の従業員の1人を代表取締役とし、私が役員に就任する予定です。代表取締役となる従業員は税理士資格を持っておりません。
> このような場合、税理士資格を保有していない者が記帳代行会社の代表取締役となるのは税理士法に抵触するのでしょうか。
> もちろん、申告書等税務業務は私の税理士事務所にて受託します。ちなみに記帳代行会社の本店所在地は、私の税理士事務所の住所と同じになります。

[回　答]

　税理士法で税理士独占業務とされているもの以外は、非税理士でも可能です。

　そして、記帳代行業務は、税理士独占ではないので（税理士法第2条第2項）、非税理士が記帳代行会社の代表者に就任することは許されると考えます。

　ただし、業務は明確に分離することが必要で、記帳代行会社の役員又は従業員に税務書類の作成をさせない、税務相談に応じてはならない、などの管理が必要となります。

　本店所在地が同じであることは問題ありませんが、税理士法第40条で、「税理士及び税理士法人は、税理士業務を行うための事務所を設けなければならない。」

となっており、入会審査等で、共同事務所の場合は税理士業務を行う場所を他の共同使用人との間で明確に区分することを求められていると思います。

　したがって、記帳代行会社と税理士業務の場所の区分性を要求されることになるでしょう。

3-2 記帳代行会社へ委任できる業務の範囲

[質問]

> 当事務所が顧問契約をしている顧問先の記帳等の部分を非税理士の記帳代行会社に業務委託しようと思いますが、委任の内容に税理士法に抵触する部分はないでしょうか。
>
> 具体的には、記帳代行会社がお客様のもとに直接出向き、領収書・請求書等の会計資料を預かり、その資料に基づき、帳簿記帳します。
>
> その後、記帳代行会社より、会計データか総勘定元帳を当事務所に送ってもらい、内容に間違いないかの帳簿監査を行います。最後に、それをもとに決算書・勘定科目内訳書・減価償却計算書・確定申告書を作成します。

[回答]

この場合、契約の結び方としては、2種類あると思います。
① 依頼者と記帳代行会社、依頼者と税理士が別々に契約を締結し、書類の受け渡しを直接行う方法
② 依頼者と税理士が一括して契約を締結し、税理士が記帳代行会社に業務委託する方法

今回は、②の方法だと理解しました。

今回のスキームでは、税務相談や自己の判断により税務書類を作成する、というような税理士業務は税理士が行うことが前提となり、独占業務以外の業務を記帳代行会社に業務委託する、ということですので、非税理士関係の規制は問題ないと思います。

次に問題となるのは、守秘義務の関係です。

3-2 記帳代行会社へ委任できる業務の範囲

　記帳代行を第三者に依頼するということは、依頼者の財務に関する秘密情報が第三者に漏洩する、ということになります。

> 税理士法第38条
> 　税理士は、正当な理由がなくて、税理士業務に関して知り得た秘密を他に洩らし、又は窃用してはならない。

　上記①のような別々の契約方式にすれば問題ありませんが、②の方式により、依頼者と税理士との契約しか存在しない場合には、守秘義務違反の問題が生じます。したがって、守秘義務を解除していただく必要があります。

　そのため、記帳代行や業務の一部を第三者に委託することをあらかじめ同意していただく文言を契約書に記載するか、別途書面によりいただく必要があります。

　また、②の契約方式により、依頼者と税理士との契約しか存在しない場合には、会計帳簿の作成自体も税理士が受託していることになりますので、記帳代行にミスがあり、その結果、依頼者に損害が発生した場合には、税理士の損害賠償責任の問題が発生しますので、ご注意ください。

3-3 退職した元社員税理士による関与先の奪取行為

[質 問]

税理士法人を退職した元社員税理士が自らの担当先を退職後に訪問して、勧誘行為をしています。その行為により顧問先が引き抜かれて、当事務所が損害を受けています。

この行為に対する損害賠償をとる方法をご教示していただきたいです。（本人からは、入所時に誓約書をもらい賠償の責めを負う旨を取り交わしています。）

[回 答]

退職後の競業行為は、職業選択の自由（憲法第22条）として、原則として自由です。そして、元社員であった税理士法人が顧客と取引をすることも自由競争の範囲内です。

しかし、税理士法人と社員との契約ないし誓約書により、一定の制限をかけることは認められます。ただし、それが法律上有効かどうかは争いがあります。

当該誓約書に基づいて損害賠償請求をすることが必ず認められるわけではありません。

この点、税理士法人の事案ではありませんが、社員の入社時誓約書の有効性が問題となった関東工業事件（東京地裁平成24年3月13日判決）では、「就業規則の競業避止条項や合意による競業避止特約が有効と認められるためには、使用者が確保しようとする利益に照らして、競業禁止の内容が必要最小限度に止まっており、かつ、十分な代償措置が施されることが必要であると解される。そして、そのような条件を満たさない場合に

は、上記条項ないし制約は、労働者の権利を一方的かつ不当に制約するもので公序良俗に反するとして、民法第90条により無効となると解される。」
と厳しい判断をしています。

[対 策]

　元社員に対して損害賠償請求をする場合、(1)引抜き行為自体が誓約書に基づく債務不履行責任か、不法行為に基づく損害賠償責任が発生し、かつ、(2)税理士の事務所に損害が発生していること、が必要です。

　したがって、行為自体が誓約書の条項に違反しているか、税理士の誹謗中傷等を伴う違法な引抜きなのか、など関与先に対するインタビューなどをして事実を確定させる必要があります。

　また損害は、顧問契約の解約による損害、ということになると思いますが、これについては何年分が損害か、など相場基準がありません。顧問契約が締結された場合、平均的に何年間継続するか、などを調査して損害額を確定し、請求をしていくことになります。

　次のような段取りになります。

① 元社員にインタビューできるのであれば、事実を聞き取って、録音ないし陳述書の形にして署名押印を取得する
② 関与先にどのような引き抜き行為があったかをインタビューし、録音ないし陳述書の形にしてもらう
③ 請求額を確定し、内容証明郵便等で請求する
④ 支払わなければ訴訟提起

　元社員への請求は、どうしても関与先を巻き込むことになるので、その点、協力してくれるかどうかがポイントになってきます。

3-4 退職する所属税理士の顧客奪取防止策（誓約書がない場合）

[質問]

税理士事務所に勤務していた所属税理士が独立し、当事務所の顧問先に接触して契約の勧誘をしています。
そのような行為を禁止する誓約書を取っていないのですが、損害賠償請求はできるでしょうか。

[回答]

誓約書がない場合、退職後の所属税理士と会計事務所の間には、何らの契約関係もありませんので、退職後独立し、競合行為をすることは職業選択の自由（憲法第22条）により、自由であり、その結果、元勤務先の会計事務所の顧問先と顧問契約を締結することも自由です。

ただし、「元従業員等の競業行為が、社会通念上自由競争の範囲を逸脱した違法な態様で元雇用者の顧客を奪取したとみられるような場合には、その行為は元雇用者に対する不法行為にあたるというべきである。」（最高裁平成22年3月25日判決）とされています。

したがって、元事務所の営業秘密を用いたり、元事務所を誹謗中傷して信用をおとしめたりするなどの不当な方法で顧客を奪取した場合は、損害賠償請求が認められる可能性があります。

しかし、普通に顧問先に対して退職の挨拶や独立の挨拶をした結果、顧問先が移動することは自由ということになります。

税理士法人を脱退した元社員が税理士法人の顧客を奪取した事例に関して、東京地裁平成26年4月9日判決があります。

この事例では、税理士法人が敗訴、つまり元社員に対する損害賠償が認

められなかったものです。事案は次のとおりです。

　税理士法人を2人で設立したところ、1人の社員税理士が税理士法人から脱退しました。

　脱退税理士は、脱退前から主な顧客に対し、自分が税理士法人から脱退して独立開業する予定であることや、その理由等を説明しました。

　これを受けて、顧客の中には、徐々に税理士法人との顧問契約等を解約して脱退税理士が開設する事務所と顧問契約等を締結するとの意向を固めたり、そのような意向を示すものが増えていきました。

　その後、脱退税理士は事務所を開設しましたが、税理士法人の顧客の相当数が脱退税理士と顧問契約を締結した、というものです。

　裁判所は、次のとおり判示しました。

「1　一般に、税理士法人の社員が脱退後に行った税理士法人との競業行為は、自由競争に属し自由であるから、当該競業行為が、社会通念上自由競争の範囲を逸脱した違法な態様で元の税理士法人の顧客を奪取したとみられるような場合に限って、元の税理士法人に対する不法行為にあたる（元従業員の競業行為に関する最高裁平成22年3月25日第一小法廷判決・民集64巻2号562頁参照）。

2　次に、X税理士法人の社員である間にYが将来の競業行為のために行う準備については、脱退するYの営業の自由と、税理士法人であるX税理士法人の利益との調和の観点から、競業行為の準備をすることは許容されるものの、X税理士法人の顧客に対し、X税理士法人との間の顧問契約等を解約して、Yが開設する事務所と顧問契約等を締結するように、違法不当な方法で働きかけることは許されないと解される。

3　Yは、X税理士法人の顧客に対する退任の挨拶の際などに、YがX税理士法人から脱退して独立開業する予定であること及びその理由等

を説明したり、X税理士法人との顧問契約等を解約する段取りなどの助言を求める顧客に対しYがこれに応じたりする程度のことはしているものの、Yが、X税理士法人の社員ないし従業員であったことに基づく顧客との人的関係等を利用することを超えて、X税理士法人の営業秘密に係る情報を用いたり、X税理士法人の信用をおとしめたりするなどの不当な方法で脱退後の営業に向けた準備活動をしたことは認めるに足りない。」

3-5 独立する所属税理士との外注契約

［質問］

当事務所に勤務していた所属税理士Aがいます。このたび、Aが独立することとなりました。

独立後、Aが担当していた顧問先について、外注契約を締結したいと考えています。

そこでご相談したいのは、

(1) 税理士法上、問題となる点はあるのか、あるとすればどのような問題かをご教示いただきたい。
(2) 外注契約書を作成するにあたり、留意すべき点は何かをご教示いただきたい。

［回答］

(1) 税理士法上の問題点

外部税理士との外注契約を締結する場合、税理士法上の守秘義務が問題となります。

> 税理士法第38条
> 税理士は、正当な理由がなくて、税理士業務に関して知り得た秘密を他に洩らし、又は窃用してはならない。

顧問契約書上、他の税理士に再委託できるような条項があれば、当然の前提として守秘義務が解除されていると考えられますが、そうでない場合には、顧問先に守秘義務解除の同意書を得る必要があります。

(2) 外注契約書で留意すべき点

外注契約を締結した後も顧客の奪取は想定されるところです。そこで、契約書に以下のような行為を禁止する条項を入れる方がよろしいかと思います。

> 乙は、本契約期間中及び契約終了後において、次の行為を行ってはならない。
> 1．甲の職員及び外部委託先の引き抜き行為
> 2．甲の関与先を自己又は第三者と契約をするよう勧誘し、又は自己又は第三者と契約させる行為
> 3．甲への誹謗中傷・社会的評価を低下させる行為

ただし、顧客の奪取行為については、裁判になったときに、条項が有効と解釈されない可能性もあります。また、こちら（甲）から契約を解除できる場合について、記載しておいた方がよろしいかと思います。

「○月前に予告することにより解約できる」という条項や、「甲が乙の業務が不十分と判断した場合には解約できる」などの条項です。

[補 足]

税理士は、税理士業務に関して知り得た秘密を他に漏らしてはいけません。

> 税理士法第38条
>   税理士は、正当な理由がなくて、税理士業務に関して知り得た秘密を他に洩らし、又は窃用してはならない。

そして、「正当な理由」及び「税理士業務に関して知り得た秘密」「窃用」については、税理士法基本通達があります。

> 税理士法基本通達38-1
>   法第38条に規定する「正当な理由」とは、本人の許諾又は法令に基づく義務があることをいうものとする。

> 税理士法基本通達38-2
>   法第38条に規定する「税理士業務に関して知り得た秘密」とは、税理士業務を行うに当たって、依頼人の陳述又は自己の判断によって知り得た事実で、一般に知られていない事項及び当該事実の関係者が他言を禁じた事項をいうものとする。

> 税理士法基本通達38-3
>   法第38条に規定する「窃用」とは、自ら又は第三者のために利用することをいうものとする。

　税理士が、この守秘義務に違反して秘密を漏らした場合には、懲戒処分の対象となる他、刑罰を受ける可能性があります。税理士法第59条で、2年以下の懲役又は100万円以下の罰金と定められています。

　税理士の守秘義務が問われた裁判例として、大阪高裁平成26年8月28日判決があります。事案は次のようなものです。

　税理士法人が、弁護士法第23条の2による照会書を受け取りました。その照会では、過去の顧問先の7年間にわたる確定申告書及び総勘定元帳の写しの送付依頼がありました。税理士は、元依頼者に不利益が及ぶかもしれないと考えましたが、23条照会には回答義務があること、照会書に「本人の同意を得る必要はない」と記載してあったことから、本人の同意を得ず送付しました。

　そこで、本人が税理士に対し慰謝料を請求した、という事案です。

第3章　税理士事務所内の問題に関する質疑応答

> 弁護士法第23条の2
> 　弁護士は、受任している事件について、所属弁護士会に対し、公務所又は公私の団体に照会して必要な事項の報告を求めることを申し出ることができる。申出があった場合において、当該弁護士会は、その申出が適当でないと認めるときは、これを拒絶することができる。
> 2　弁護士会は、前項の規定による申出に基づき、公務所又は公私の団体に照会して必要な事項の報告を求めることができる。

　この弁護士法第23条の2による照会書に対しては、法律上、原則として報告する公的な義務がある、とされています。しかし、正当な理由がある場合には、報告を拒絶することができます。そこで、税理士の守秘義務が「正当な理由」に該当するかどうかが問題となります。

　この点について、裁判所は、

「税理士は、第23条照会によって納税義務者のプライバシーに関する事項について報告を求められた場合、正当な理由があるときは、報告を拒絶すべきであり、それにもかかわらず照会に応じて報告したときは、税理士法第38条の守秘義務に違反する」

としました。

　その上で、報告しないことによる不利益と報告することによる不利益を比較衡量した上、開示されることによる不利益が照会に応じないことによる不利益を上回ることは明らかであるとして、税理士の守秘義務違反を認め、慰謝料30万円と弁護士費用相当額の5万円の損害賠償を命じました。

3-6　顧問契約の業務範囲の判断基準

[質 問]

　ある法人と顧問契約を締結しており、顧問契約書上は記帳代行、申告業務となっております。
　今回、相続を考慮して法人の株式の評価を依頼されましたが、相続に関することは契約の範囲外と考えております。顧問先は、株評価も顧問料の範囲内と考えているようです。
　相続に関しては別の税理士を紹介しており、当事務所では受けられない旨は伝えてあります。
　株式の評価の依頼は契約の範囲外で、他の税理士を紹介しようと考えておりますが、この依頼は契約の範囲外と考えてよろしいでしょうか。

[回 答]

　契約書の記載が、「記帳代行、申告業務」となっているのであれば、業務範囲はその記載に従うことになります。
　株価評価は、両業務の遂行に必要なものではありませんし、両業務遂行に付随する業務でもありません。また、「相続を考慮して法人の株式の評価」ということであれば、その業務は、「相続業務」を受任して行うことになるのが通常かと思います。
　したがって、業務範囲外とご理解いただいてよろしいと思います。
　「相続を考慮しての法人の株式の評価」は、「相続業務」であり、契約外であること、自分は「相続業務は受任しないこと」を伝えた上で、他の税理士をご紹介するのがよろしいかと思います。

第4章

関与先からの相談に関する質疑応答

第4章　関与先からの相談に関する質疑応答

4-1 代表取締役変更登記反映前の契約書への署名押印者

[質　問]

> 　3月31日をもって株式会社の代表取締役Aが任期満了で退任し、4月1日よりBが代表取締役に就任する場合において、登記反映前（例えば4月1日に契約で、登記反映は契約後の4月10日になってしまうような場合）に契約する契約書への署名押印（代表印は変更しない）は、登記簿記載のAではなくBでしても問題はないのでしょうか。
> 　また、取引相手より登記簿と違うといった指摘があった場合、どのような対応を一般的に行うのがよろしいのでしょうか。

[回　答]

　ご意見のとおり、Bで契約するのが正解だと考えます。
　株式会社の代表権を有する者は誰かを検討します。Aは、3月31日で代表取締役を退任していますので、4月1日の時点では代表権を有していません。したがって、Aが代表者として記名押印しても、契約締結権限がなく、その契約は無効となるのが原則です（ただし、Aが代表権を喪失したことを知らずに契約をした善意の第三者には、代表権を喪失したことを対抗できません（会社法第908条第1項））。
　したがって、4月1日の時点で正式な機関決定を経て代表取締役に就任したBを代表権のある者として契約を締結することとなります。
　また、4月10日に登記に反映された際も、「4月1日就任」と記載されますので、登記との齟齬はありません。
　契約前に登記簿と違う、という指摘があった場合は、代取選任の取締役会決議の写し（取締役会設置会社の場合）、あるいは株主総会決議の写しを

> 会社が当該権利を行使することに同意した場合は、この限りでない。

今回は、上記の通知ができないことを前提にします。

以上を前提にした場合、税務上の処理と法律上の処理を分けて考えるのがよろしいかと思います。

(1) 税務上の処理

本件のような場合に、決算承認を得ない確定申告がそれのみを理由として無効とされた裁判例は見当たらず、福岡地裁平成19年1月16日判決も、「決算がなされていない状態で概算に基づき確定申告がなされた場合は無効にならざるを得ないが、会社が、年度末において、総勘定元帳の各勘定の閉鎖後の残高を基に決算を行って決算書類を作成し、これに基づいて確定申告した場合は、当該決算書類につき株主総会又は社員総会の承認が得られていなくても、確定申告は無効とはならず、有効と解すべきである。」
としているので、決算をした上で決算書類を作成し、確定申告をすればよろしいかと思います。

また、役員報酬についても、従前の金額を定期同額で支払っている限り、税務上無効となるものではないと考えます。

定期同額給与については、「その支給時期が1月以下の一定の期間ごとである給与」ということで、法人税法上、株主総会決議が要件として取り込まれていません。

しかし、事前確定届出給与については定期同額給与と異なり、対応不可と考えます。

事前確定届出給与については、「その役員の職務につき所定の時期に、確定した額の金銭……を交付する旨の定めに基づいて支給する給与」とされ

ており、「定め」が必要となります。
　これが定款あるいは株主総会等となりますので、今回の場合、事前確定届出給与が有効となるためには、株主総会決議が必要であることが法人税法における要件に取り込まれているものと考えます。
　また、実際に株主総会が開催されていないにもかかわらず、株主総会議事録を作成、提出することもできません。
　したがって、今期については、前期と同金額にて定期同額給与にすることをおすすめしたいと思います。

(2) 法律上の処理

　以上に対し、法律上は異なる考え方になります。
　法律上は、相続人全員で協議して権利を行使する者を決定しないと株主としての権利を行使することはできないので、株主総会を開催できず、決算承認も役員報酬の決定も配当決議もできません。
　したがって、後日、遺産分割協議が成立した後、相続人間で支給された役員報酬の返還請求などの紛争が発生する可能性があります。
　しかし、これはすでになされた確定申告の効力に影響は及ぼさない、と考えます。そうすると、税理士の対応としては次のようになると思います。
・定款を確認して決議要件の緩和の有無を確認する
・決議できないときは決算を行って確定申告をする
・その際、次のような助言を書面にて行っておく。可能であれば、代表者（一時代表者の職務を行う者）の署名押印を得ておく。
　① 法律上、決算確定の承認、役員報酬の決定、配当は、株主総会決議が必要であること
　② 本件では、51％株式が相続の対象となり、その場合、株式は相続人全員の準共有となること

③ 株主総会決議をするには、相続人全員で協議して、株主としての権利を行使する者を会社に通知する必要があること。それは後日の紛争を防止すべく書面で行う必要があること
④ 今回は、それらの手続ができない、ということなので、決算をした上で、やむなく決算承認の株主総会決議を経ずに確定申告書の作成及び提出をすること
⑤ 後日、相続人間で協議した上で、決算確定承認、役員報酬の決定に関し、株主総会の承認を得るべきであること
⑥ 配当は、遺産分割協議が成立した上で、臨時株主総会決議で決定するのが望ましいこと

4-3 社員が賃借するアパートの連帯保証人に社長がなるリスク

[質　問]

> 　K社の代表者が社員から「賃借しているマンションの連帯保証人になってほしい」との依頼を受けました。
> 　K社の代表者は、賃料不払いの際の保証は受けてもよいが、それ以外の火災その他、多額の保証は受けたくないと考えています。また、刑事責任を負担するようであれば断ろうと思っています。
> 　このような場合、K社の代表者としては、どのように連帯保証をすればよいでしょうか。

[回　答]

　連帯保証人が火災などに手を貸していない限り、刑事上の責任が問われることはありませんので、民事上の責任についてご説明します。

　不動産賃貸借契約において連帯保証人が要求される場合、連帯保証する事項を限定して規定される場合はほとんどありません。多くは、「本件賃貸借契約に関し、賃借人が賃貸人に対して負担する一切の債務を連帯保証し」のような条項が規定されます。

　では、この場合に連帯保証人はどこまでの債務を負担するか、ということになります。

　賃借人は、賃貸借契約に基づく債務として、賃貸物件の使用について、善管注意義務を負担します。

　したがって、自分の故意や過失に基づいて火災を発生させたり、自殺したり（借り手がいなくなります）というような場合には、善管注意義務違反として、賃借人は賃貸人に対し、損害賠償義務を負担します。

4-3 社員が賃借するアパートの連帯保証人に社長がなるリスク

　そして、賃貸借契約に基づいて賃借人が賃貸人に負担した債務、ということになりますので、連帯保証人も連帯して損害賠償義務を負担することになります。

　過去にも、火災の場合（東京地裁平成28年8月19日判決）、自殺の場合（東京地裁平成27年9月28日判決）などで、連帯保証人の責任が肯定されています。

　以上より、連帯保証人は、賃料以外の債務についても保証債務を負担する、と覚悟した上で連帯保証人になるかどうか決めることになります。

　さらに、一度連帯保証人になると、その社員が退職しても、その後も連帯保証債務を負担し続けます。たとえ、その社員と労使紛争が発生し、裁判になったとしてもです。

　したがって、一般的には、代表者が社員の連帯保証人になることは、おすすめはできません。

4-4 連帯保証債務の弁済と求償権

[質 問]

> 顧問先の申告を毎年行っておりますが、資金繰りが悪く、金融機関からの借入金約1,000万円の返済が滞っており、一括返済を迫られております。
> その借入を行う際、顧問先の代表者の兄（役員ではない）が連帯保証人となっております。一括返済は不可能なため、連帯保証人がその借入金の返済することになるのでしょうか。
> また、連帯保証人が金融機関に返済した場合、顧問先会社の会計上計上されている借入金が簿外で消滅することになるのですが、債務免除益という認識でよろしいでしょうか、もしくは連帯保証人に対して債務が発生するのでしょうか。

[回 答]

金融機関が一括返済を迫る場合、事実上一括返済を迫るのではなく、金融機関内でも法的に一括返済として処理する場合は、連帯保証人にも請求されるのが通常です。

この場合、金融機関と連帯保証人間で返済について協議されることになります。

連帯保証人が金融機関に返済すると、主債務者である法人の借入金債務が消滅します。しかしそれは、連帯保証人が主債務者である法人の債務を弁済したことによりますので、弁済金額について、連帯保証人から法人に対する「求償権」が発生します。

条文としては、民法第459条1項です。

> 民法第459条第1項
> 　保証人が主たる債務者の委託を受けて保証をした場合において、過失なく債権者に弁済をすべき旨の裁判の言渡しを受け、又は主たる債務者に代わって弁済をし、その他自己の財産をもって債務を消滅させるべき行為をしたときは、その保証人は、主たる債務者に対して求償権を有する。

　仮に、連帯保証人が1,000万円を弁済したとすると、法人の金融機関に対する借入金が、連帯保証人に対する求償債務に振り替わることになります。

　ここで、連帯保証人が法人に対して債務免除をすると、法人に債務免除益が生ずる、ということになるかと思います。

4-5 完全子会社から親会社に配当金を支払う場合の議事録の文言

[質問]

完全子会社から親会社に配当金を支払う場合の議事録の文言は、どのように記載すればよいでしょうか。

[回答]

親会社が株主として、自分に配当金を払わせる株主総会決議をすることから、議事録の書き方に懸念があるものと思います。

この場合の議事録の書き方は、通常の株主総会議事録の書き方と異なりません。

まず、親会社が株主として出席します。そして、親会社と子会社の取締役、代表取締役が兼任しているような場合には、各自は子会社の役員として出席します。

その上で、通常の株主総会議事録のような説明及び記載をすればよろしいかと思います。

例えば、剰余金からの配当であれば、次のような記載です。

「議長から、当期の期末配当を、当社普通株式1株当たり金○○円、総額金○○円、剰余金の配当が効力を生じる日を○年○月○日としたい旨を説明し、本議案を議場に諮ったところ、出席株主の議決権の全ての賛成があったため、原案どおり承認可決された。」

4-6　合同会社の議事録の作成方式と作成業務分担

[質 問]

　このたび、合同会社の決算を行うことになり、決算承認、役員報酬変更の議事録を作成することとなりました。
　合同会社の議事録を作成する場合、株主総会の議事録をそのまま使用してよろしいのでしょうか。合同会社と株式会社では議事録の形式は変わるものなのでしょうか。
　また、株主総会の議事録の作成は、これまでサービスで行っておりましたが、これからは顧問先自身で作成してもらおうと思っております。
　顧問契約書には議事録の作成については記載しておりませんが、顧問先に議事録はこれから会社の方で作成していただく旨を口頭で、もしくはメール、LINEなどで伝えるだけでよろしいでしょうか。
　税務調査の際、議事録の不備で否認されるようなことがあった場合、税理士の責任もありますでしょうか。

[回 答]

(1) **議事録作成方式**

　合同会社の場合、株式会社のように、決算承認や取締役報酬の決定を社員総会に委ねていません。したがって、必ずしも社員総会を開催する必要はありません。ただ、後日のトラブルを防止するためには、書面化しておいた方がよいでしょう。
　その場合、社員総会を開催し、社員総会議事録として残すか、「同意書」や「決定書」、「承諾書」のような書類を作り、決定内容を記載して全社員

第4章 関与先からの相談に関する質疑応答

が署名捺印する、という方式をとるのが実務だと思います。

　もし、社員総会議事録にするならば、株主総会議事録の「株主」を「社員」にし、合同会社の定款で社員総会や議決権についての記載があれば、それにならい、最後の署名押印は社員全員にしてもらう、という点に注意が必要です。

　意思決定は定款に従うことにはなりますが、特に定めがなければ、業務執行の決定は、業務を執行する社員の過半数をもって行うことになります（会社法第591条第1項）。

(2) 議事録作成業務

　書面、メール、LINEなどで、

「これまで契約外ではあるが、無償で事実上行ってきましたが、今後は契約外の業務であるので当職の方では行わない。貴社にて行っていただきたい。議事録等を作成しない場合、税務調査で否認され、損金として認められないなど不利益が生ずる可能性があるので、必ず作成されたい」

という旨をお伝えし、証拠化しておく方がよろしいかと思います。

　ポイントは、

①　契約外であることを確認する
②　業務を行わないことを宣言する
③　作成しない場合の不利益について説明義務を果たす

という3点です。

［補　足］

　会社法には、株式会社の他に、合名会社、合資会社、合同会社の3種類の制度が設けられています。これらを総称して「持分会社」といいます。

　株式会社では、株主と役員が区別され、所有と経営を分離することが前

提となっていますが、持分会社の構成員は社員とされ、社員が持分会社の業務執行を行います（会社法第590条、第591条）。

社員の責任について、合名会社では、社員全員が会社の債務について無限責任を負います（会社法第576条第2項）。

合資会社では、無限責任社員と有限責任社員がいます（会社法第576条第3項）。

合同会社では、社員全員が会社の債務について有限責任のみを負います（会社法第576条第4項）。

持分会社では、定款自治の範囲が広く、株式会社のような強行規定が多くないので、業務権限や運営等を自分達で取決めをしたいときには利用しやすいといえます。

第4章 関与先からの相談に関する質疑応答

4-7 特別利害関係人がいる場合の議事録の記載

[質 問]

当社は取締役会設置会社で、取締役はA・B・Cの3名です。

このたび、当社が取締役A・Bから、A・Bが所有する土地を買い受けることになりました。利益相反取引なので、取締役会決議で承認を得なければなりません。

代表取締役はBなので、通常はBが議長となりますが、特別利害関係人が議長になると決議が無効になるとの情報がございます。

そこで、議案に関する取締役会議事録の記載方法について教えてください。

(1) A・Bが決議に参加できない場合の記載例を教えてください。

(2) Bが議長になれない場合の記載例を教えてください。

(3) A・Bは出席取締役として記名押印しても問題ないでしょうか。また、その他に注意すべき事項はありますか。

[回 答]

(1) **A・Bが決議に参加できない場合の記載例**

Cが1人で取締役会決議をすることになります。

例えば、以下のような記載が一例です。

日時：
場所：
　上記日時場所において、取締役会を開催した。

取締役の総数　　3名

出席取締役の数　3名

　以上のとおり出席があったので、本取締役会は適法に成立した。代表取締役Bが議長となり、定刻に開会を宣し、直ちに議案の審議に入った。
（初めから議長をCにしてもよいと思います。）

第1号議案　利益相反取引承認の件
　議長および取締役Aは、本議案について特別利害関係人であるため、審議に加わらないこととし、当会社定款○条の定めにより、取締役Cが議長となって、審議を開始し、審議した取締役Cは、下記(1)(2)のとおり当会社と取締役A及び代表取締役Bとの利益相反取引について承認した。

記

(1)　取締役Aが所有する土地を別紙1の内容の売買契約により当社が買い受ける。
(2)　代表取締役Bが所有する土地を別紙2の内容の売買契約により当社が買い受ける。

　以上をもって本取締役会の議案を終了したので、議長は閉会を宣し、○時○分に散会した。

　上記の決議を明確にするため、本議事録を作成し、議長及び出席取締役がこれに記名押印する。

　まだ議長はCのままなので、Cが議長として記名押印することになります。
　A・Bが退席しているときはCのみ、A・Bが在席で審議に加わらなかったときは、A・B・Cが出席取締役となります。

(2)　Bが議長になれない場合の記載例
　Bも特別利害関係人となるので、議長にならない方がよろしいかと思い

ます。記載例は、⑴をご参照ください。

⑶　A・Bの出席取締役としての記名押印

　出席と審議に加わることとは別ですので、記名押印してもよいと思います。ただし、A・Bが審議に加わらなかったことをどこかに記載した方がよいと思います。

　また、このほか、「A・Bは特別利害関係人であるため、退席した」などと、記載する方法もあるかと思います。

[補　足]
　取締役会においては、決議について特別の利害関係を有する取締役は、決議に加わることができません（会社法第369条第2項）。
　例としては、取締役の競業や利益相反取引の承認決議、取締役の責任の一部免除をする場合等です。
　代表取締役の解職決議に当該代表取締役が参加できるかどうかについては、最高裁昭和44年3月28日判決は、「特別利害関係人に該当し、参加できない」としています。
　これに対し、代表取締役の選定については、「候補者は特別利害関係人に当たらない」とされています。

4-8 重加算税と役員の責任

[質問]

顧問先であるＡ株式会社が過去６年間で２回の税務調査を受けました。いずれも重加算税が課されました。この場合の代表取締役を含む役員の責任はどうなるのでしょうか。

[回答]

(1) 税理士の責任

まず、役員以外の重要な問題として、税務申告を担当した税理士が損害賠償責任を負担することがあることを指摘します。

国税通則法第68条第１項は、次のように規定しています。

> 国税通則法第68条第１項
> 　第65条第１項（過少申告加算税）の規定に該当する場合……において、納税者がその国税の課税標準等又は税額等の計算の基礎となるべき事実の全部又は一部を隠蔽し、又は仮装し、その隠蔽し、又は仮装したところに基づき納税申告書を提出していたときは、当該納税者に対し、政令で定めるところにより、過少申告加算税の額の計算の基礎となるべき税額……に係る過少申告加算税に代え、当該基礎となるべき税額に100分の35の割合を乗じて計算した金額に相当する重加算税を課する。

つまり、重加算税を賦課されたということは、「事実の全部又は一部を隠蔽し、又は仮装し、その隠蔽し、又は仮装したところに基づく納税申告書を提出している」ことになります。

納税申告書を作成したのは税理士でしょうから、税理士が納税申告書を作成するにあたり、事実の隠ぺい又は仮装に気づくことができなかったか、

という善管注意義務違反が検討されることになります。

この点は、税理士と顧問先との間の契約における業務範囲や責任分担、隠ぺい又は仮装の手口などによって判断されます。

(2) 役員の責任

次に、役員の責任としては、刑事上及び民事上の責任があり、刑事上の責任としては、特別背任罪が成立する場合があります。

> 会社法第960条
> 　次に掲げる者が、自己若しくは第三者の利益を図り又は株式会社に損害を加える目的で、その任務に背く行為をし、当該株式会社に財産上の損害を加えたときは、10年以下の懲役若しくは千万円以下の罰金に処し、又はこれを併科する。
> 　一　発起人
> 　二　設立時取締役又は設立時監査役
> 　三　取締役、会計参与、監査役又は執行役

民事上の問題としては、損害賠償ということになります。役員と株式会社との法律関係は委任契約となりますので、会社に対して善管注意義務、忠実義務等を負っています。

本来、適正な納税申告をしていれば、過少申告加算税、延滞税、重加算税等を賦課されることはなかったのですから、株式会社に損害が発生したといえます。

そして、役員の故意又は過失に基づき、事実を隠ぺい又は仮装していた場合には、善管注意義務違反と判断され、役員等に損害賠償責任が発生する可能性があります。

4-9 粉飾決算に関与していない役員等の損害賠償責任

[質 問]

顧問先は中小企業ですが、過去からの多額の粉飾決算の事実が発覚し、銀行から役員個人の責任追及をされることになりました。

粉飾決算に関与していた役員は、代表取締役のみです。他の役員である取締役及び監査役は粉飾への関与は全くなく、粉飾していた事実すら全く知りませんでした。

決算書については、代表者のみが保有していたため、他の役員は見ることができなかったようです。

この場合において、粉飾に関わっていない役員は民事上の責任追及をされ、損害賠償しなければならないようになるのでしょうか？

[回 答]

(1) 役員の責任

取締役、監査役は、その職務を行うについて悪意又は重過失があったときは、これによって第三者に生じた損害を賠償する責任を負います（会社法第429条第1項）。

責任を負うための要件は、

① 役員等が株式会社に対する任務を懈怠したこと
② 役員等に悪意又は重過失があること
③ 第三者に損害が生じたこと
④ 損害と任務懈怠との間に相当因果関係があること

です。

全員に共通することとして、④において、銀行は当該企業に粉飾決算が

なかったならば融資をしなかったり、借り換えに応じなかった、あるいは粉飾決算を知っていたら、もっと早期に債権回収に入って多くを回収できた、というような事情が必要です。

それが認められる場合、代表取締役は損害賠償責任を負担することになるでしょう。

他の取締役及び監査役は、粉飾への関与は全くなく、粉飾していた事実すら全く知らず、決算書も持っていない、ということですが、正規の手続で役員に就任したのであれば、会社法上、取締役の職務執行に対する監視義務があり、かつ決算承認に関与しているはずなので、それら義務を怠ったことには重過失がある、と認定される可能性が高いでしょう。

しかし、下級審裁判例では、名目的取締役は会社経営に対する影響力はないため、代表取締役等の違法な業務執行を止めようとしたとしてもそれができたとは認められない、として名目的取締役の任務懈怠と第三者の損害との相当因果関係を否定したものもあります（東京高裁昭和57年3月31日判決）。

したがって、名目的役員の場合は、責任が否定される可能性もあります。

(2) 税理士の責任

なお、法人税の申告を作成したのが税理士であれば、税理士としての善管注意義務として、その粉飾を見抜くことができたかどうか、もあわせて問われることがあります。

過去の事例として、仙台高裁昭和63年2月26日判決（TAINS Z999-0002）は、税理士の作成した内容虚偽の確定申告書の記載を真実と信じて、保証、担保の提供などをした者が損害を被った事例において、税理士は、依頼者が「これを利用して融資先を欺いて甲社の金融を得ることを知りながら、乙社の実情を粉飾し、このような虚偽の内容を記載した書類を作成

したものであること、すなわち、税理士はこれにより乙社に対して融資をするものが損害を受けるかもしれないことを予見しながらあえてこのような虚偽の内容を記載した書類を作成したものであることが認められる。」として、税理士の損害賠償責任を認めたものがあります。

4-10 退職慰労金の金額を明示しない株主総会決議

[質問]

　関与先で代表者の退任に伴い、退職慰労金を支払う予定です。

　株主総会決議事項なのですが、第三者株主などもいて、金額を明らかにしたくありません。代表者一族で過半数の株式を持っているので、決議は可能です。

　決議の際に、金額を明らかにしない決議方法はあるでしょうか。

[回答]

　取締役の退職慰労金は、株主総会決議事項です（会社法第361条第1項第1号、第387条第1項）。

　しかし、必ずしも確定額を決議する必要はありません。その場合には、一定の基準にしたがって支給することとし、具体的な金額、贈呈の時期、方法等は取締役会決議に一任する決議をとればよろしいかと思います。

　その場合の議事録の例としては、以下のような文章が考えられます。

第〇号議案　退任取締役に対する退職慰労金贈呈の件

　議長より、退任する取締役〇〇〇氏に対し、在任中の労に報いるため、退職慰労金を贈呈したいこと、支払は一定の基準に従うものとし、具体的金額、贈呈の時期、方法等は取締役会に一任願いたい旨説明し、議場にはかったところ、出席株主の議決権の過半数の賛成をもって本議案は原案どおり承認可決された。

4-11 会社分割の際の債権者保護手続(個別催告)

[質 問]

　吸収分割を行う法人が債権者保護手続として行う、個別催告についての質問です。
　知れたる債権者への催告が必要なため、1円でも債権のある者には個別催告をしなければいけないと思いますが、実務において単純な金額基準や異議を述べられても、弁済できると考えられる金額を基準とする方法、数量基準など、事務手続の負担を和らげ、法律的な問題にならないとされている考えや基準はあるでしょうか。
　知れたる債権者とは、一般的に仕入先や借入を行っている金融機関などが主な対象になると思いますが、店舗や社宅を借りている大家さんは対象になるでしょうか。

[回 答]

　会社分割における債権者保護手続は、会社分割により自分の債権が請求できなくなったり、あるいは、たとえ請求できても、引当てとなる財産が減少したりする恐れがあることから、会社分割に対し異議を述べる機会を保障するためのものです。
　そして、債権者保護手続を怠った場合の効果は、会社分割無効ということではなく、会社分割によって本来債務を負わない、とされている会社も債務を負う、ということになっています。
　したがって、実務上は当然支払うことが前提となっている水道光熱費などは催告しないのが通常だと思いますし、少額の債権は支払ってしまって整理してから分割を行うこともあります。

なお、賃貸借契約がある場合は要注意です。賃料に関しては前払いで債権者にならないかもしれませんが、賃貸借契約書では、通常、合併や会社分割の場合は賃貸人の承諾を得ることが条件となっているかと思います。

無断で会社分割をした場合には、無断譲渡を理由に契約解除の内容証明郵便がきて裁判になる、ということがたまに起こります。賃貸借契約書をご確認いただき、賃貸人と事前協議が必要になるものと思います。

[補 足]

会社分割には、吸収分割と新設分割があります。吸収分割は、既存の会社が分割会社の権利義務を承継する会社分割であり、新設分割は、会社分割により新たに設立する会社が、分割会社の権利義務を承継する会社分割です。

吸収分割は、既存の会社同士なので、吸収分割契約を締結します。新設分割をするには、新設分割計画書を作成し、その計画にしたがって会社を新設します。

会社分割は、分割会社の権利義務を承継させるものであり、契約上の地位や債務も承継させます。そして、会社分割には契約の相手方や債権者の同意は不要です。したがって、会社分割を濫用すると、債権者が不測の損害を被る可能性があります。

そこで、債権者保護手続が必要となります。そのため、債権者のうち一定の要件に該当する者は、分割会社に対して異議を述べることができます。異議を述べることができる債権者は、以下のとおりです。

① 分割会社の債権者のうち、会社分割後に分割会社に対して債務の履行を請求することができなくなる者（会社法第789条第1項第2号、第810条第1項第2号）

② 分割会社が、分割対価である承継会社、設立会社の株式を株主に分

配する場合における、分割会社の債権者（会社法第789条第1項第2号、第810条第1項第2号）
③　承継会社の債権者（会社法第799条第1項第2号）

　債権者が異議を述べたときは、分割会社は債権者に対し、弁済し、若しくは相当の担保を提供し、又は当該債権者に弁済を受けさせることを目的として信託会社等に相当の財産を信託しなければならないとされています。

　本質問の個別催告は、債権者が異議を述べる機会を与えるための手続となります。

4-12　株券発行会社で不発行の場合の株式譲渡や贈与

[質 問]

　私の顧問先にも、会社法施行前から存在する「株式会社」や「有限会社」があり、その多くが「株券発行会社（譲渡制限株式）」のままになっております。
　(1)　このような会社において、相続対策として株式の生前贈与や譲渡を行う場合、「株券の発行」については、どのような書面を証拠として残せばよいのでしょうか。
　(2)　また、ある専門家より、すでに過去において贈与や譲渡をしている案件がある場合、事後的に瑕疵を治癒する方法があるとお聞きしましたが、そのような方法はあるのでしょうか。

[回 答]

会社法第128条（株券発行会社の株式の譲渡）
　1　株券発行会社の株式の譲渡は、当該株式に係る株券を交付しなければ、その効力を生じない。ただし、自己株式の処分による株式の譲渡については、この限りでない。
　2　株券の発行前にした譲渡は、株券発行会社に対し、その効力を生じない。

(1)　について

　株券発行会社において、相続対策として株式の生前贈与や譲渡を行う場合には、(1)株券を発行して、(2)株券の占有を移転しなければなりません。
　もし、株券発行及び保管に問題がないようであれば、
　① 　株券を発行

4-12 株券発行会社で不発行の場合の株式譲渡や贈与

② 贈与契約書ないし売買契約書を締結
③ その贈与契約書ないし売買契約書の中に、「株券を引き渡した」と記載
④ 契約書に確定日付印を受ける
⑤ 株券受領者の自宅等に株券を保管
⑥ 株式譲渡の承認決議（株主総会、取締役会等）議事録作成

という作業をすれば、立証可能だと思います。

もし、株券発行及び保管に問題があれば、

1．株券不発行会社にする旨の定款変更決議
2．その旨の公告及び株主への通知（会社法第218条）
3．その旨の登記

さらに、株主名簿を整備してから、生前贈与や譲渡を行い、株主名簿の名義書換えをするのがよろしいかと思います。

⑵ について

株券発行会社において、過去に贈与や譲渡をしている案件で、「事後的に対処できる方法がある」ということですが、会社法第128条は、「株券発行会社の株式の譲渡は、当該株式に係る株券を交付しなければ、その効力を生じない。」として、株券の交付は対抗要件ではなく、効力発生要件であると規定していますので、所有権移転もそのときとなり、税務判断としては、株券交付時点で所有権移転となると思われます。

事後的に株券を発行し、交付する、という方法で、「あたかも過去に発行して交付していた」かのように装う方法は不適法であり、瑕疵は治癒できないものと考えます。

株券の引渡しについてですが、「簡易の引渡し」「占有移転」「指図による占有移転」が説明されておりますが、会社法が株券の交付を効力発生要件

第4章 関与先からの相談に関する質疑応答

としていることを考えると、現実の引渡しにより実行するのが後日の紛争回避のために望ましいと思います。

4-13 名義株の整理と名義人の判定

[質 問]

顧問先の株式会社で、名義株を処理したいと考えています。特に今後、事業承継税制を適用する前提として不可欠と考えています。

名義株を作った本人が生きていればいいのですが、本人が亡くなってしまい、相続人はその存在すら知らないこともあります。

こうした場合、実質株主の地位を特定する方法はありますでしょうか。

[回 答]

(1) 名義株の判定

株の名義人の判定方法については、最高裁昭和42年11月17日判決があります。

「他人の承諾を得てその名義を用い株式を引き受けた場合においては、名義人すなわち名義貸与者ではなく、実質上の引受人すなわち名義借用者がその株主となるものと解するのが相当である」

そして、その判断は総合判断になりますが、考慮すべき要素は、次のとおりとされています。

・誰が払い込み代金を出捐したか
・誰が実質的に株主となる意思があったか
・株主権を行使したか（株主総会への参加、配当の受領等）
・経営に参加する意思と行動はあったか

上記に加え、関係者の供述も聴取し、記録に残しておくとよいと思います。その上で、誰が株主であるのか、の判定をするのがよろしいかと思い

ます。

　そして、判定をしたら、上記の事情を記載した書面を作成し、誰が株主かを判定した旨を記載し、相続人等関係者から確認の署名押印をいただくのがよろしいかと思います。

(2)　時効取得しているか

　名義株の判定の他、名義人となっている人が株を時効取得しているかどうか、の判定も必要です。

民法第163条
　　所有権以外の財産権を、自己のためにする意思をもって、平穏に、かつ、公然と行使する者は、前条の区別に従い20年又は10年を経過した後、その権利を取得する。

民法第162条
1　20年間、所有の意思をもって、平穏に、かつ、公然と他人の物を占有した者は、その所有権を取得する。
2　10年間、所有の意思をもって、平穏に、かつ、公然と他人の物を占有した者は、その占有の開始の時に、善意であり、かつ、過失がなかったときは、その所有権を取得する。

　過去には、被相続人が実質所有していた名義株について、名義人であった相続人が株を時効取得したとされた裁判例（東京地裁平成21年3月30日判決）があります。
　この事例では、
　① 株主名簿に相続人の名が記載されていた
　② 増資の際には、名義人が自ら引き受けたこともあった
　③ 株主総会に出席して議決権を行使し、利益配当を受領した

というような事情を認定し、初めは名義貸しであったが、自分のものとして、平穏、公然に株主として行動しているとして、20年で時効取得した、と判断しました。

　そこで、上記のような事情があるかどうか調査をし、時効取得の有無を判断することになるかと思います。

4-14　事業譲渡とされない売買契約の方法

[質問]

　顧問先の相談です。受注先（得意先）からの依頼で、得意先の外注先を承継してもらえないかという話がありました。
　その条件は、土地と設備を買ってもらい、従業員を引き継いで、引き続き受注してほしい、というものです。この外注先は、他にも不動産を所有しているので、株の売買ではなく、土地と設備のみの売買契約を希望しているとのことです。
　得意先は了解の話なので、承継すれば自動的に受注は継続できるということです。
　ここで、実質的には事業承継となりますが、土地と設備の売買契約のみで、のれん等の対価は発生しません。
　土地と設備の売買契約が事業譲渡と解釈されることはないでしょうか。気をつけることがあればご教授願います。

[回答]

　土地と設備のみを買い受け、事業譲渡契約にしない、ということは可能だと思います。ただし、何点か注意すべき点があるように思います。
　土地と設備と従業員を引き継いで事業を承継する、ということになると、外形的には事業譲渡契約を締結した、というように見えます。そこで、以下の検討が必要になるかと思います。
　法務的な視点としては、下請業者が債務超過に陥っていないかどうか、確認する必要があります。
　債務超過状態で資産を譲渡する場合には、詐害行為に該当する可能性が

あり、今回の取引が全体として事業譲渡と評価されたり、価格不適正と評価される場合は訴訟リスクがあります。

したがって、債務超過状態の場合には、土地と設備の価格を適正にするため、不動産鑑定書を取得するなどの助言をし、かつ価格が適正だとしても、債権者の中には訴えてくる者があるかもしれない旨を助言しておく必要があります。

また、土地と設備と従業員を引き継いで下請業者と同じ商号を用いて事業を行う場合は、会社法第22条により、下請業者の債務の弁済責任が発生する可能性があります。

> 会社法第22条
>   営業を譲り受けた商人が譲渡人の商号を引き続き使用する場合には、その譲受人も、譲渡人の営業によって生じた債務を弁済する責任を負う。

次に、全体として事業譲渡と評価されないことが必要ですが、そのためには従業員を引き継がないことを契約書に明記する必要があります。

つまり、土地と設備の売買契約のみであり、事業譲渡ではないこと、従業員は引き継がないこと、従業員は下請業者の費用と責任で退職させ、顧問先は従業員を面接の上、新規に採用することを明記し、従業員との雇用契約書も新規に締結する、ということです。

以上より、まとめると以下のとおりです。

(1) 下請業者が債務超過でないか確認
(2) 土地設備の売買契約書に、事業譲渡ではなく、従業員も引き継がないこと等を明記
(3) 下請業者と異なる名称で事業を開始

[補 足]

事業譲渡とは、

「一定の営業目的のため組織化され、有機的一体として機能する財産の全部又は重要な一部を譲渡し、これによって、譲渡会社がその財産によって営んでいた営業的活動の全部又は重要な一部を譲受人に受け継がせ、譲渡会社がその譲渡の限度に応じ法律上当然に同法25条に定める競業避止義務を負う結果を伴うもの」

とされています。（最高裁昭和40年9月22日判決）

事業譲渡は、資産・負債・契約上の地位の移転は全て個別の譲渡行為になります。したがって、負債や契約上の地位の移転は、債権者や契約の相手方の個別の同意が必要になります。

また、労働者を移転させるのも、労働者の個別の同意が必要です。ただし、契約書は1通で行うことが可能です。

4-15 自己破産前の売買と詐害行為

[質問]

　ある関与先が債務超過の上、多大な借金をかかえ、行詰りの状態であります。

　銀行からの借入の返済を迫られ、やむなく自宅を父親に売却してそのお金で銀行に返済をしました。まだ、借入金が5,000万円以上あり、返済の見込みもたたないので自己破産をする予定でいます。

　関与先が心配されているのは、これから自己破産する際に、最近、父親に譲渡した行為は否認されるか、ということです。本人には何も財産はありません。

[回答]

　今回の自宅売却の売買価格が、適正額より低い場合には、詐害行為否認として、否認される可能性があります（破産法第160条第1項）。

破産法第160条第1項
　次に掲げる行為（担保の供与又は債務の消滅に関する行為を除く。）は、破産手続開始後、破産財団のために否認することができる。
一　破産者が破産債権者を害することを知ってした行為。ただし、これによって利益を受けた者が、その行為の当時、破産債権者を害する事実を知らなかったときは、この限りでない。
二　破産者が支払の停止又は破産手続開始の申立て（以下この節において「支払の停止等」という。）があった後にした破産債権者を害する行為。ただし、これによって利益を受けた者が、その行為の当時、支払の停止等があったこと及び破産債権者を害する事実を知らなかったときは、この限りでない。

第4章　関与先からの相談に関する質疑応答

　この価格の適正額は、税務上の「低額譲渡」の基準とは異なり、適正額よりも少しでも低いと、破産管財人から否認される可能性があります。

　自宅に銀行の根抵当権設定登記がされており、オーバーローンのような場合には、銀行が価格の相当性を吟味するので、詐害行為になることはないと思いますが、そうでない場合は、破産した後、破産管財人が価格の相当性を精査することになります。

　価格の相当性について、不安であれば、今からでも不動産鑑定書を取得し、不動産業者による査定書を複数取得しておくことをおすすめします。

　また今後、関与先等で同様の事例がある場合には、売買前に価格の適正額に関する証拠を揃えておいた上で、その適正額にて売買する方が無難だと思います。

　売買価格が適正額でも否認されることがありますが、現在の破産法では、限定的です。破産申立直前の適正額による財産処分が否認される場合については、破産法第161条第1項が規定しています。

破産法第161条第1項
　破産者が、その有する財産を処分する行為をした場合において、その行為の相手方から相当の対価を取得しているときは、その行為は、次に掲げる要件のいずれにも該当する場合に限り、破産手続開始後、破産財団のために否認することができる。
一　当該行為が、不動産の金銭への換価その他の当該処分による財産の種類の変更により、破産者において隠匿、無償の供与その他の破産債権者を害する処分（以下この条並びに第168条第2項及び第3項において「隠匿等の処分」という。）をするおそれを現に生じさせるものであること。
二　破産者が、当該行為の当時、対価として取得した金銭その他の財産について、隠匿等の処分をする意思を有していたこと。
三　相手方が、当該行為の当時、破産者が前号の隠匿等の処分をする意思を有していたことを知っていたこと。

今回の売買は、銀行への返済なので、第2号の要件を欠き、同条での否認はないと思います。
　なお、自宅売却ではなく、銀行のみへの弁済が「偏頗行為否認」されることがありますが、これは売買には影響しません。

4-16 「残業代も含む」とした年俸契約をした場合でも残業代は発生するか

[質問]

> 顧問先は残業や深夜労働が多いのですが、労働基準法どおり割増賃金を払うと利益が出ません。そこで、全て残業代、深夜割増賃金込みで年俸制の契約をしています。残業があってもなくても定額の年俸を払う、という契約です。
> この場合には、「残業代を払う必要はないか？」ということを顧問先の経営者から質問されています。私としては、「残業代も含む」という年俸契約なので有効だと思うのですが、いかがでしょうか。

[回答]

まず、労働基準法は強行法規であり、労働基準法に違反する契約は無効になります。そこで、今回の年俸契約が労働基準法に違反するかどうか、という点が問題となります。

労働基準法では、1日8時間、週40時間を超えた場合や深夜労働には割増賃金を支払うよう定めています。それは、月給制でも年俸制でも変わりません。

年俸制であっても、1日8時間、週40時間を超えた場合や深夜労働には割増賃金を支払う義務がある、ということです。

今回のケースは、この支払義務が発生する時間外労働や深夜労働に関する賃金を年俸の中に含めて支払う、という制度を採用されているのだと思います。

このような残業代込みで賃金を決めるのも有効であり、それを「固定残

業代制度」といいます。

[対策]

　ただし、固定残業代制度が有効になるためには、基本給に上乗せする固定残業代部分がいくらで、それは何時間分の残業に該当するのか、ということが明確に区別できなければなりません。

　そして、それらを就業規則や契約書等で明確にする必要があります。つまり、労働者が働いていて、「この時間は、固定で残業代をもらっている時間だな」ということがわからないといけないわけです。

　したがって、年俸制で残業代を込みにするためには、年俸制の基本給がいくらで、月間で何時間の残業分が固定残業代部分に含まれているかを明確にしておかなければなりません。

　そして、その月額部分を超過した分には残業代を支払う必要があります。年間で調整すればよいわけではなく、月毎に精算する必要があるということです。

　したがって、「残業代全て込みで○○万円」というだけでは、固定残業は無効になってしまいます。この点、顧問先に注意喚起していただき、速やかに給与体系を見直すとともに、就業規則や賃金規定の改定に着手することが必要です。

　固定残業代制度を有効にする要件は難しいので、弁護士や社会保険労務士に依頼して就業規則等を整備していくことをおすすめします。

[補足]

　残業代を払いたくないために、従業員に肩書きをつけて「管理監督者」にして残業代を支払うのをやめる、という方法をとる会社が散見されます。「管理監督者」に該当すると、労働時間・休憩・休日に関する規定が適用さ

第4章 関与先からの相談に関する質疑応答

れないので、残業代を支払う必要がないためです。

しかし、管理監督者かどうかは肩書きで決まるものではなく、実質的な判断となります。

管理監督者とは、一般に事業主に代わって労務管理を行う地位にあり、労働者の労働時間を決定し、労働時間に従った労働者の作業を監督する者のことをいいます。

そして、以下の要件が必要といわれています。

① 経営に関する決定に関与
② 労務管理に関する指揮監督権限
③ 自己の労働時間についての裁量権
④ 一般の従業員に比べ、賃金の優遇

過去の裁判例では、ファミリーレストランの店長が、時間管理を受けていることを理由に管理監督者性を否定され、マクドナルド店長が営業時間、商品の種類と価格、仕入先は本社の方針どおりで、企業全体の経営方針へも関与していないことなどを理由に否定されています。

反対に、不動産会社営業部長が、一時常務取締役の地位にあったこと、現営業部長として部門の責任者であること、月額54〜62万円で代表取締役に準ずる給与を得ていること、労働時間管理されず、出社時刻に裁量があることなどを理由に、管理監督者と認定された裁判例もあります。

4-17 解雇予告通知の出し方

[質問]

> 関与先の会社では、期間の定めのない雇用契約によって採用した従業員がいますが、3カ月間の試用期間を設けています。
> 雇用したのは、3月1日なので、5月31日で試用期間を満了します。あまり能力が高くないので、4月15日の個人面談日に、社長から4月中に課題を解決できない場合は解雇にする予定だと発言したところ、従業員から、「それは解雇予告ですか？」と質問され、回答に窮しました。
> この場合、4月15日に解雇予告をしたのかどうか、いつが解雇日になるのか、解雇予告手当の支払いの要否などについて教えてください。

[回答]

本件のような停止条件付きの場合は、明確な解雇予告とはならないと考えられますので、改めて解雇予告通知を発することになります。試用期間途中での解雇も解雇に変わりないので、1カ月分の解雇予告手当が発生します。

なお、関与先には、試用期間途中あるいは試用期間満了による解雇も有効になる基準は結構厳しい旨をご助言いただくとよろしいかと思います。

裁判例では、試用期間満了による解雇は、

「解約権留保の趣旨、目的に照らして、客観的に合理的な理由が存し、社会通念上相当として是認されうる場合にのみ許される」

としています。

その解約権留保の趣旨は、

「大学卒業者の新規採用にあたり、採否決定の当初においては、その者の資質、性格、能力その他上告人のいわゆる管理職要員としての適格性の有無に関連する事項について必要な調査を行い、適切な判断資料を十分に蒐集することができないため、後日における調査や観察に基づく最終的決定を留保する趣旨」（三菱樹脂事件最高裁昭和48年12月12日大法廷判決）

としています。

そして、解雇が許される場合を、(1)採用決定後における調査の結果又は、(2)試用中の勤務状態等により、当初知ることができず、また知ることが期待できないような事実を知るに至った場合において、そのような事実に照らし、その者を引き続き会社に雇用しておくことが適当ではないと判断することが、解約権留保の趣旨、目的に照らして客観的に相当であると認められる場合には、解約権行使が認められると判断されています。

期間の定めのない雇用契約の場合の解雇より、少し緩やかに認められる、という程度の感覚です。

試用期間中でも自由に解雇できるわけでないので、慎重に判断するよう助言するのがよろしいかと思います。

［補足］

解雇とは、雇用者が労働者に対し、労働契約を一方的に破棄する行為です。

解雇には、懲戒解雇、普通解雇、整理解雇などがあります。

懲戒解雇は、従業員が重大な問題を起こし、その背信性ゆえに労働契約を維持できなくなったときに会社が行う懲戒処分としての解雇手続です。

就業規則などで懲戒処分についての定めがなければ、懲戒解雇をすることはできません。

普通解雇は、懲戒解雇以外の解雇であり、普通解雇の中に整理解雇があります。整理解雇とは、会社の経営状態が著しく悪化し、そのまま雇用を維持すると会社が倒産してしまうおそれがあるような場合に行われる解雇です。
　いわゆる「リストラ」の一方法です。なお、解雇は使用者が自由にできるものではありません。
　労働契約法第16条は次のように定めています。

> 労働契約法第16条
> 　解雇は、客観的に合理的な理由を欠き、社会通念上相当であると認められない場合は、その権利を濫用したものとして、無効とする。

　どの程度の事情があれば、解雇できるのか、についての参考として、いくつかの事例をご紹介します。

【横浜ゴム事件（最高裁昭和45年7月28日判決）】
　従業員が私生活において、他人の住居に理由なく侵入したとして、住居侵入罪で罰金2,500円を科されたため、懲戒解雇した事例で、裁判所は、会社の組織、業務等に関係のない私生活の範囲内であること、刑罰が軽いこと、会社における地位は工員で指導的なものでないこと、を理由に懲戒解雇を無効としました。

【グレイワールドワイド事件（東京地裁平成16年9月22日判決）】
　従業員が約1カ月間の出勤日20日間において、会社から貸与されたパソコンを使用して、就業時間中に39通の私用メールを送受信し、会社内外に対して経営批判を繰り返し、メール中にCEOのことを「アホバカCEO」、「気違いに刃物（権力）」などと表現した。会社は従業員に事情聴取を行っ

たが、反省の意思も態度もないので解雇した、という事例で、裁判所は解雇を無効としました。

【共栄印刷紙器懲戒解雇事件（名古屋地裁昭和53年9月29日決定)】
　入社後1年5カ月の間に遅刻が180回に及んでいたので解雇した事案において、従前何らの処分もなされていないことに鑑み、今後かかる行為を繰り返すなら懲戒処分にする旨を説諭し、それでも無届遅刻を繰り返すという事態になったときに初めて懲戒解雇をすべきであったとして、解雇を無効と判断しました。

　以上のように、解雇を無効とした裁判例を見ると、労働者を解雇することは、かなり難しいということがご理解いただけると思います。

4-18 詐害行為と法人格否認の法理

[質問]

　顧問先は現在、債務超過の状況にあります。新会社を設立し、同様の事業を行うことについて、下記の条件だけでは詐害行為とされないか、リスク回避策を教えてください。
　① 旧会社と新会社との間では、事業譲渡契約は締結しない。動産・什器・備品等も引き継がない。ただし、同じ事業を行うので、商品の商標は使用し、会社名も有限株式のみ変更で顧客には表向き事業の継続がなされているようにしたい、と希望しております。
　② 仕入先とは引き続き交渉し、債権の一部ロスカットをしてくれない場合には破産し、新会社にて事業をスタートさせる旨宣言する。
　以上、①財産の処分（正確には処分するべき財産）がない点、②破産選択を仕入先に申し入れている点、などは詐害行為とされるリスクを下げることになりますでしょうか。

[回答]

　本件では、(1)詐害行為と、(2)法人格否認の法理、の2つを検討することになると思います。

(1) **詐害行為について**

　詐害行為は、債権者に弁済できなくなることを知りながら、財産処分行為などを行う場合に成立します。
　今回、財産処分行為はないということですが、新会社で事業を開始する

ことが、「実質的に事業譲渡」されたものと評価される可能性があります。
　そのように判断された場合には、事業価値分が処分されたことになり、詐害行為が成立する可能性があります。
　特に、商品の商標を継続使用し、会社名も同一又は類似であり、従業員も引き継いで、同じ事業所で事業を行い、顧客には事業の継続がなされているかのように装う場合には、実質的に事業が譲渡された、と評価される可能性が高まります。
　このような場合に詐害行為となる可能性を低くするには、旧会社での「事業の停止」と新会社での「新規事業の開始」をできるだけ明確に区分することです。
　顧客に対して、事業が継続しているものと装うのは望ましくありません。

(2) 法人格否認の法理について

　法人格否認の法理は、法形式的には別法人（今回の旧法人と新法人）であっても、実質的には同一の法人と評価できたり、法人格の濫用であったりする場合に、法人格を否認し、同一法人とみなして債権を請求可能にする法理論です。
　資本関係や代表者、事業所が同一であり、商品の商標を継続使用し、会社名も同一又は類似であり、従業員も引き継いで、顧客には事業の継続がなされているかのように装う場合には、詐害行為と同じく、法人格否認の法理の適用対象となりやすいといえます。
　この可能性を低くするのは、詐害行為の場合と同じです。資本関係や代表者を別にし、事業所も別の場所に構え、会社名も別会社とし、顧客に事業の継続がなされているかのように装うのは望ましくない、ということになります。
　当然、新会社で事業を行うに際しては、別事業所の賃貸借契約に伴う費

4-18 詐害行為と法人格否認の法理

用負担や、顧客に対する説明の困難などが伴いますが、債権者保護との調整上、やむを得ない負担かと思います。

なお、(1)(2)両方にいえることですが、破産選択を申し入れている点は、債務超過を推定させる効果の他、法的判断には特に影響を与えないと思います。

[補 足]

詐害行為は、民法の中の次の3条によって規定されています。

> 民法第424条
>   債権者は、債務者が債権者を害することを知ってした法律行為の取消しを裁判所に請求することができる。ただし、その行為によって利益を受けた者又は転得者がその行為又は転得の時において債権者を害すべき事実を知らなかったときは、この限りでない。
> 2　前項の規定は、財産権を目的としない法律行為については、適用しない。
>
> 民法第425条
>   前条の規定による取消しは、すべての債権者の利益のためにその効力を生ずる。
>
> 民法第426条
>   第424条の規定による取消権は、債権者が取消しの原因を知った時から2年間行使しないときは、時効によって消滅する。行為の時から20年を経過したときも、同様とする。

要件としては、
・債権者を害する客観的要件
・債務者が債権者を害することを知っていたこと（主観的要件）

- 受益者又は転得者が債権者を害することを知っていたこと
- 財産権を目的とする法律行為であること
- 詐害行為取消権行使が、債権者が取消しの原因を知ったときから2年あるいは行為のときから20年を経過していないこと

が必要とされています。

詐害行為は、離婚に伴う財産分与にも適用されます。

大阪高裁平成16年10月15日判決（判例時報1886号52頁）の事案です。

会社が倒産したため、信用保証協会から会社の連帯保証人である夫に対し、会社の保証債務の求償がされましたが、夫はその時点で、すでに妻と離婚し、所有不動産を財産分与を原因として、妻に譲渡して（所有権移転登記）しまっていました。

そこで信用保証協会は元妻に対し、不動産の財産分与は詐害行為であるとして、取消しを求める裁判を起こしました。

判決では、実質上この不動産は、夫婦の共同財産であり、半分の財産分与は正当であるが、半分を超える部分は不当に過大であって、財産分与に仮託してなされたものであるとして、半分を超える部分の譲渡を取り消しています。

ところで、国税通則法第42条は、次のように定めています。

国税通則法第42条
　民法第423条（債権者代位権）及び第424条（詐害行為取消権）の規定は、国税の徴収に関して準用する。

したがって、国税を滞納しているときに詐害行為を行うと、詐害行為取消権を行使されることがあります。

横浜地裁小田原支部平成7年9月26日判決の事案は、子会社が赤字経営が続いて経営の維持が困難になった後に、親会社に対し借入金の弁済をし

た、というものです。争点は、詐害行為の後に発生した租税債権を被保全債権にできるか、という点です。

裁判所は、

「詐害行為取消権の被保全債権は、原則として詐害行為以前に発生したものであることを要するが、詐害行為当時未だ発生していない債権であっても、発生の基礎となる法律関係や事実が発生し、債権の発生が高度の蓋然性をもって見込まれる場合には、右債権も被保全債権になり得ると解するのが相当である。」

として、国の請求を認容しました。

4-19 従業員による売上金横領への対応

[質問]

顧問先の会社の相談です。従業員が売上金を継続的に横領していたことがわかりました。本人は認めていますが、横領金額の認識に食い違いがあります。

刑事告訴するのがいいか、返済してもらうのがいいか、様々な対応があると思いますが、何をどのような順序で進めていけばいいのかについてアドバイスをお願いします。

[回答]

刑事と民事の対応があり、それぞれ目的が異なります。

会社が従業員を刑事告訴することによる効果は、他の従業員に対し、「違法行為をすると、こうなるよ」と示すことによる規律維持と、被害を受けた経営者の被害感情の回復などがあります。

民事は、被害金額の回復が目的です。本人が認めている状況ですから、まずは本人から一筆とるところから始めます。

[対策]

現金を横領しているような場合、最初は認めていても後で否認に転じる場合があります。認めている段階で金額が不明確であっても、書面化しておくことが大切です。

否認に転じてしまうと、刑事も民事も難航することになるので、認めた段階ですぐに書類をとってしまうのです。内容としては、(1)犯行動機、(2)手口、(3)金額（不明であれば概算）、(4)謝罪、(5)返金約束、です。

金額が不明であれば、例えば、

「私は、これまでホテルの客からの売上金を何回か横領し、自分の借金の返済にあててきました。大変申し訳ございません。記憶では10万円くらいですが、また思い出したら金額は訂正したいと思います。必ず返済いたします。」

という程度でも、あるのとないのとでは大きな違いとなります。後で確定した段階で、より詳しい内容の書面を作成すればよい、ということになります。

内容が確定したら返済の約束をし、書面化します。公正証書にできるのであれば、した方がよいでしょう。また、連帯保証人を付けられるようであれば、付けることが望ましいです。渋るようであれば、警察への被害届や刑事告訴を検討することになります。

それとは別に、解雇か自主退職かという問題もあります。

過去、横領しておきながら、退職後に残業代請求をしてきた従業員もいるので、自主退職させ、「未払い給与や未払い残業代が、もしあったとしても、全て放棄します。」と一筆もらっておく、という方法もあります。

4-20 取引先のメールにより、偽口座に送金した場合の対応

[質問]

> 顧問先は卸業者です。仕入代金に関しては取引先Aの購入資金を用意する関係で、前払いしています。
> 今回、取引先Aからメールがきて、振込先変更を依頼され、顧問先は変更された銀行預金口座に振り込みました。
> ところが、この振込先口座は第三者のものであり、取引先Aのメールが誰かに乗っ取られていたことが判明しました。取引先Aからは、支払いがない限り商品を送ることはできない、と拒否されています。
> この場合の責任の所在は、どこにあるのでしょうか。Aにも負担させることはできるのでしょうか。

[回答]

本件は、第三者による詐欺罪が成立することは当然ですが、その他に、不正アクセス禁止法違反が成立します。

他人のメールアカウントとパスワードを使用してサーバーにアクセスすると不正アクセス禁止法に違反し、刑罰を受けます。

[対策]

したがって、まずは取引先Aの協力を得て、詐欺罪及び不正アクセス禁止法違反による刑事告訴及び告発を警察宛にすることになると思います。

次に、振り込め詐欺の場合には、銀行口座を凍結することができます。

今回の損失が民事上、誰の負担になるか、ということですが、顧問先は、取引先Aからのメールにしたがって支払いをしたことになります。

4-20 取引先のメールにより、偽口座に送金した場合の対応

この支払いが有効かどうか、という問題があります。

> 民法第478条
> 　　債権の準占有者に対してした弁済は、その弁済をした者が善意であり、かつ、過失がなかったときに限り、その効力を有する。

債権者ではない者に対して弁済をした場合でも、それが「債権の準占有者」に対してしたものであった場合には、弁済が有効になる場合がある、ということです。

ここで、「債権の準占有者」というのは、真実の債権者でないのに取引通念上債権者らしい外観を呈する者です。今回でいえば、送金先になります。

この規定が適用されるには、メールの差出人、メールの文面、送金先の口座名義、送金額が正確かどうか、メールに対して何らかの確認行為を行ったか、など総合的な事情を考慮して過失の有無を判断します。

この規定が適用された場合には、弁済は有効となりますので、取引先に対して商品を送付するよう求められることになり、損失は取引先が負担することになります。

顧問先に過失があるような場合は、弁済が有効になりませんので、詐欺をした第三者を特定し、損害賠償請求をしていくことになります。

預金口座の名義人は、詐欺をした本人ではない可能性が高いように思いますが、特定し、内容証明郵便等を送付しておく方がよいでしょう。

また、取引先Aの協力を得て、メールサーバーの業者に対して当該メールを送付した者のIPアドレスの開示を受けて、プロバイダ業者に契約者情報の開示請求をし、もし特定された場合には、民事で損害賠償請求をしていくことになると思います。

4-21 債権譲渡撤回通知書の発行理由と対応

[質問]

> 顧問先に金融機関Aから「債権譲渡通知書」が届きました。
>
> 当社の仕入先（債権譲渡人：B）から、金融機関が債権譲受人なので当該Aに支払うように、という内容で登記事項証明書も添えられていました。
>
> 相談会社もそれに従うつもりでいましたが、1週間後にAから「債権譲渡撤回通知書」が届き、その内容は、「AではBの債権について請求しないこととする」ことをAとBの間で合意したので、債権譲渡通知を撤回させていただく、と記載されていました。
>
> 一旦、債権譲渡通知書が郵送されてきたのに撤回されるような場合とは、どのような事情なのでしょうか。

[回答]

金融機関との契約が明らかではありませんので推測ですが、おそらくその金融機関は、仕入先Bの売掛金を譲渡担保として融資をし、債権譲渡登記をしているものと推測されます。

そして、仕入先Bが金融機関Aの返済を怠ったため、譲渡担保の実行として債権譲渡通知が発送されたものと思われます。通常、債権譲渡通知の発送に先立ち返済交渉がされますが、交渉が決裂し、債権譲渡通知発送に至ったのでしょう。

仕入先Bとしては、おもだった売掛債権について債権譲渡がなされると、ただちに資金繰りに支障をきたすため、資金繰りに奔走し、他の金融機関はおいても、金融機関Aの返済を優先的に確保しようとします。

その結果、話し合いがつき、債権譲渡が撤回されたものと推測されます。

ちなみに、金融機関Aに支払われる返済が全額なされたときは、その後、金融機関Aが債権譲渡に基づき売掛金を請求することは、債権が存在しないにもかかわらず債権を請求するという行為で、金融機関の不祥事に該当しますので、まっとうな金融機関なら過大請求はしません。

かといって、信用不安が解消されたわけではなく、一部債権譲渡通知が撤回される場合もありますので、今後も同様な事態が生ずることがあります。

今後の処理ですが、債権譲渡撤回通知が偽造ということはまずないとは思いますが、一応金融機関Aに債権譲渡撤回通知の発送の有無について照会し、確かに発送したということであれば、仕入先Bに支払いをして結構だと思います。

4-22 法人の借入金の貸主判定方法

[質問]

顧問先の法人の財務諸表に借入金の記載があります。債権者は、平成29年3月に死亡した代表者の母親です。

死亡した母親の相続人は、長男（代表者）と次男です。これから法人税の申告準備をするのですが、法人の借入金の債権を誰にするか思案しております。

代表者には、遺産分割協議書を作成するよう助言しておりますが、そのとおりにしてくれません。

その場合、小職の責任上、最低限どのような対応をしておいたら問題が生じないかアドバイスをお願いいたします。

[回答]

相続財産に金銭債権がある場合に、相続税の申告においては、未分割であれば法定相続分で、遺産分割協議がされていれば協議書の記載にしたがって行うと思います。

しかし、法律上の扱いは異なります。最一小判昭和29年4月8日は、
「相続人数人ある場合において、相続財産中に金銭の他の可分債権あるときは、その債権は法律上当然分割され各共同相続人がその相続分に応じて権利を承継するものと解すべきである。」
と判示しています。

今回の法人に対する貸金債権も金銭債権であり、可分債権となると思いますので、法律上は、法定相続分に応じて相続人が承継している、という解釈になると思います。

したがって、法人税の申告では、貸金債権が法定相続分で承継したとして相続人及び各相続人の債権額を記載するのがよろしいかと思います。
　最大判平成28年12月19日は、
「共同相続された普通預金債権、通常貯金債権及び定期貯金債権は、いずれも、相続開始と同時に当然に相続分に応じて分割されることはなく、遺産分割の対象となる。」
として、預金債権については当然相続ではなく、遺産分割協議を待って相続されると判示していますが、預金債権ではない金銭債権についてはまだ最高裁判決が出ていないので、上記の方針で税理士が責任を問われることはない、と考えます。
　なお、可分債権が法定相続分に基づき当然承継される、といっても可分債権を遺産分割の対象にすることは可能です。

4-23 親族間の金銭の貸し借りの確認書における注意点

[質問]

> 関与先法人の社長が商品先物取引での損失を補填するために、配偶者から毎月お金を借りていました（配偶者は取締役）。
> お金の流れとしては、法人→配偶者口座（役員報酬）→社長→先物会社です。
> 夫婦間では、お金の貸し借りをしている認識のようですが、損失補填した金額は実質的に社長の役員報酬であると認定されかねないため、今般、損失補填の必要性がなくなったことを機会に、これまでの貸し借りの金額を確認して利息をつけて返済していく予定です。
> このような場合の金銭債権債務の確認書について教えてください。

[回答]

社長の役員報酬と認定されないためには次のことがポイントとなります。
(1) 配偶者口座が社長の名義預金でないこと
(2) 貸金としての形式的要件
(3) 貸金としての実態

(1) 配偶者口座が社長の名義預金でないこと

法人から配偶者名義に役員報酬が支払われていたとしても、それが配偶者の名義を借りたものであり、実質的には社長の財産である、とみなされるおそれがあります。

今回の場合には、次のような点に注意する必要があるかと思います。
・配偶者の取締役としての業務執行の実態を残しておくこと

- 役員報酬に関する株主総会決議、取締役会決議をし、議事録を作成しておくこと
- 配偶者名義の預金通帳であること
- 配偶者の日常的な生活資金等が出入りする通帳であること（今回のための特別な通帳でないこと）
- 預金通帳と印鑑、カードは配偶者が管理していること
- 振込作業を配偶者が行っていること
- 当該預金通帳のお金の使途を配偶者のための使用とすること

以上のような実態が存在することが必要だと思います。

(2) **貸金としての形式的要件**

貸金であるなら、貸付の日付と各金額を特定しなければなりませんので、過去に遡って貸付の日付と金額を特定し、貸付一覧表を作成し、確認書を作成することをおすすめします。

その上で、返済について消費貸借契約書ないし返済についての確認書を作成することになるかと思います。

(3) **貸金としての実態**

貸金としての形式的要件を定めたら、必ずそれに従った返済をすることが重要かと思います。

社長の管理する預金通帳から配偶者の管理する預金通帳へ送金する方法により、実態を残しておくのがよろしいかと思います。

4-24 取引先に対する年金機構からの照会書の対応

[質問]

顧問先に、日本年金機構から、取引先甲に対する照会書が届きました。

その内容は、甲の厚生年金の滞納処分に関してということで、債権の有無、債権額、支払予定日等を記載するようにということです。

甲には、4月末日500万円、5月末日に1,000万円の支払予定があります。しかしながら、相談会社としては、4月末日に甲に支払い、本人の意思で対応してほしいと思っているようです。4月末日まで回答しないでおくことは可能でしょうか。また、この照会書には回答しなければならないのでしょうか。

[回答]

厚生年金保険法、国民年金保険法、健康保険法では、保険料の徴収は国税徴収法の例による、とされています。

そして、徴収事務は、厚生年金保険法第100条の4第1項第31号、国民年金法第109条の4第1項第24号及び健康保険法第204条第1項第17号により日本年金機構に委任されています。

照会書に「国税徴収法第141条に基づき」と記載されている場合には、これに基づき、日本年金機構は、国税徴収法第141条による質問検査をしているものと理解できます。

国税徴収法第141条は、次のような規定です。

> 国税徴収法第141条
>   徴収職員は、滞納処分のため滞納者の財産を調査する必要があるときは、その必要と認められる範囲内において、次に掲げる者に質問し、又はその者の財産に関する帳簿書類……を検査することができる。
> 一　滞納者
> 二　滞納者の財産を占有する第三者及びこれを占有していると認めるに足りる相当の理由がある第三者
> 三　滞納者に対し債権若しくは債務があり、又は滞納者から財産を取得したと認めるに足りる相当の理由がある者
> 四　滞納者が株主又は出資者である法人

そして、質問に対する不答弁には、同法第188条により、1年以下の懲役又は50万円以下の罰金という罰則があります。

[対 策]

そこで、回答はしなければならない、ということになりますが、4月末日まで待ってよいか、ということが問題となります。

つまり、4月末日まで回答しないことが実質的な「不答弁」と解釈されるか、ということになるかと思います（実際には、罰則が適用される可能性は低いと思います）。

照会書の段階にきているのであれば、甲は日本年金機構と誠意をもって話合いを行っていないことが推測され、差押え態勢に入っているのではないか、と思われます。

注意点としては、個人口座に振り込むなど、差押え回避のための協力をすると、滞納処分執行妨害罪（国税徴収法第187条）の共犯に該当する可能性がありますので、決して行わないようご指導されるのがよろしいかと思います。

4-25 取引先による値上げ要請への対応

[質 問]

> A社（顧問先）はB社に配送業務を委託しておりますが、B社から運送費について、従前の金額の2倍という法外な値上げの要請がきました。
>
> A社としては、事前の説明もなく承諾もしていません。もし、値上げされた金額で請求が届いた場合に支払う必要があるでしょうか。

[回 答]

契約金額は、合意によって決まります。今回のケースでは後になって、「どのような合意があったか」で争いになりそうです。そして、合意は、明示のものに限らず、黙示の合意を含みます。

[対 策]

まず、運送委託前に値上げ要請があった場合ですが、B社からの予想される主張は、「値上げを通知し、承諾を得たので、値上げについて合意した」というものでしょう。

ここは、「言った、言わない」の議論になるのですが、

・値上げを通知したにもかかわらず

・値上げについて明確に拒否をせず

・運送を委託した

という事実は、「値上げを黙示に承諾した」ととられかねません。

「明確に承諾していないから、値上げに合意したことにはならない」ということには注意が必要です。

そこで、A社（顧問先）としては、
・運送を委託する「前に」
・値上げを明確に拒絶し
・拒絶の証拠を残しておく
ということが大切です。

この返答に対し、B社が何も言わずに運送を請け負った場合には、反対に、「従前の値段で運送することに合意した」と認定される方向にいくと思います。

なお、いったん運送を引き受けてから一方的に値上げをするのは認められません。この場合には、「運送契約後に一方的に値上げされても応じられない」と通告し、従前の値段で支払いをすればよろしいかと思います。

いずれにしても、何も言わないことは有利になりません。「明確に拒絶し、その証拠を残す」ことが大切です。

4-26 スタッフの引抜き・勧誘の防止

[質 問]

　顧問先のエステ事業の法人から質問です。
　エステティシャンとの契約は雇用契約ではなく、個人との業務委託契約を締結しています。
　この業界では、他社のエステティシャンを引き抜くことがよくあります。顧問先は以前から、この引抜き・勧誘行為に頭を悩ませています。
　そこで、引抜き・勧誘を防止するための条項を業務委託契約に記載して防止したいと考えています。どのような表現で記載したら有効でしょうか。

[回 答]

　引抜き・勧誘を防止するために、業務委託契約書に禁止条項を記載することは有効な方法です。
　しかし、そうであっても、この文言は必ず有効になり、賠償金を求めることができるか、については不確実です。
　裁判を起こしたとしても、引抜き・勧誘の実際の態様によって、有効になったり、無効になったりします。職業選択の自由、営業の自由及び自由競争の原理による制約を受けるためです。
　しかし、当該エステティシャンが独立し、又は移籍するときに同僚を引き抜いていいかどうか、弁護士に相談に行っても、「この条項は無効です」と断定することは難しいと思いますので、その意味でかなりの抑止効果が期待できるのではないかと思います。

4-26 スタッフの引抜き・勧誘の防止

例えば、次のような条項を挿入することが考えられます。

> 乙は、業務委託契約期間中及び契約終了後12カ月間は他の業務委託契約者の勧誘等をしてはならない。
>
> ここにいう「勧誘等」とは、乙が甲と業務委託契約を締結している他のエステティシャンに甲との契約を解消するよう誘導し、又は第三者と業務委託契約を締結するよう勧誘するなど、甲と他のエステティシャンとの業務委託契約に基づく業務を減少させ、あるいは終了させることにつながる一切の行為を指す。
>
> なお、直接的にこれらの行為が確認できずとも、乙が独立し、又は乙が関与する事業者と、甲と契約していた他のエステティシャンが指定期間内に乙又は乙の関与先にて業務（業務委託契約や雇用など形態を問わない）を行ったときは、勧誘等をしていたものとみなす。
>
> 勧誘等を行った場合には、被勧誘者であるエステティシャンの甲における業務の減少が開始した日、又は甲との業務委託契約が終了した日の属する月の前月からさかのぼって12カ月分の当該エステティシャンの売上金額相当額のいずれか高い金額を違約金として支払うものとする。
>
> なお、乙が甲に対して損害を与え、その損害賠償額が当該違約金を超えるときは、その金額の賠償を請求することを妨げるものではない。

4-27 代償分割の場合の遺産分割協議書の書き方

[質問]

遺産分割で代償分割にする予定です。5年間の分割で履行する予定ですが、遺産分割協議書上ではどのように記述するのがよいのでしょうか。

別に契約書を甲乙で交わして、遺産分割協議書上には詳細は書かないつもりです

[回答]

次のように記載するのが一般的かと思います。例として毎月払い方式です。
「甲は乙に対し、上記遺産を取得した代償として、金○○円を支払うこととし、○年○月より、○年○月までの間、毎月末日限り、金○円を乙の下記指定口座宛振込送金して支払う。ただし、振込手数料は甲の負担とする。（以下、乙の指定口座を記載）」

[補足]

遺産分割の方法には、大きく分けて4種類があります。

(1) 現物分割
(2) 換価分割
(3) 代償分割
(4) 共有分割

(1) 現物分割

現物分割は、相続財産の現物を分割する方法です。例えば、一筆の土地

があり、相続人が3人いるときに、その土地を三筆に分筆して分割するような方法です。

(2) 換価分割

換価分割は、相続財産を金銭に換価して分割する方法です。例えば、一筆の土地があり、相続人が3人いるときに、その土地を第三者に売却して、その売却代金を3人で分割するような方法です。

遺産が未分割のまま換価された場合には、換価代金は遺産から離脱しますので、相続人は、各自の相続分に応じて資産を売却したものとして、譲渡所得の計算を行うことになります。

(3) 代償分割

代償分割は、相続財産を特定の相続人が取得する代わりに他の相続人に金銭を支払う方法です。例えば、一筆の土地があり、相続人が3人いるときに、その土地を1人の相続人が取得し、その代わりに他の2人の相続人に金銭を支払うような方法です。

代償分割がされた場合の課税価格の計算では、代償財産を交付した者と交付された者の区分に応じ、次のとおり計算されることになります（相続税基本通達11-2-9）。

① 代償財産の交付を受けた者は、相続又は遺贈により取得した現物の財産の価額と交付を受けた代償財産の価額との合計額
② 代償財産の交付をした者は、相続又は遺贈により取得した現物の財産の価額から交付をした代償財産の価額を控除した金額

(4) 共有分割

共有分割とは、遺産の一部又は全部を物権法上の共有取得とする方法で

第4章　関与先からの相談に関する質疑応答

す。共有分割にした場合、共有関係を解消するためには、持分の贈与、売買又は共有物分割訴訟などを行うこととなります。

4-28 一部のみの遺産分割協議書を作成する際の注意点

[質 問]

遺産分割協議中のお客様についての相談です。もめているわけではありませんが、不動産の分割方法を決めるには時間がかかりそうです。

金融機関の相続手続を先に進めたいご意向なので、預貯金のみの遺産分割協議書を先に作ることも可能だと了解しています。その場合の遺産分割協議書作成上の注意点があれば教えてください。

例えば、「不動産については別途協議する」とか「この協議書は預貯金についてのみである」というように、入れておくべき文言があれば教えてください。

[回 答]

ご承知のとおり、2016年12月19日の最高裁決定により、預貯金が遺産分割の対象となりましたので、通常どおりの遺産分割協議書を作成し、最後の条項などで、

「相続人全員は、第○項の遺産を除く残余の遺産について、あらためて分割協議を行うものとする。」

と記載しておけばよろしいかと思います。

不動産の分割に時間がかかる、ということになると、未分割申告の場合の配偶者の税額軽減、小規模宅地の評価減、物納申請、農地の納税猶予などの制限や、分割見込書の提出などの説明助言をしたかどうか、後で紛争が発生する可能性がありますので、説明助言をした証拠を残しておくようおすすめします。

なお、これまでも一部分割は認められていたのですが、2018年7月13日

に成立した改正相続法では、明文で一部分割を規定しました。内容については、以下のとおりです。

① 共同相続人は、被相続人が遺言で禁じた場合を除き、いつでも、その協議で遺産の全部又は一部の分割ができる。

② 共同相続人の協議が調わないとき、または協議をすることができないときは、各共同相続人は、その全部又は一部の分割を家庭裁判所に請求することができる。

③ ただし、家庭裁判所は、遺産の一部を分割することにより、他の共同相続人の利益を害するおそれがある場合には、一部分割を認めてはいけない。

4-29　旧民法と遺産分割協議

[質 問]

平成30年1月5日にA氏が亡くなりました。

今般、A氏の遺産分割にあたり、財産調査をしたところ、A氏が居住している土地の上の建物の所有者がA氏とA氏の親戚であるX氏の父であるY氏の共有になっていることが判明いたしました。

Y氏は、旧民法時代に死亡しており、改製原戸籍では、X氏が家督相続の届出を行っていると記載されています。

Y氏の相続人は3人の子です。

この場合の所有者は誰でしょうか。また、現在の民法の法定相続人で遺産分割を行うことはできますでしょうか。

[回 答]

X氏が長男ということであれば、旧民法が適用され、X氏が当然に家督相続人として、前戸主に属する一切の権利義務（ただし、前戸主の一身に専属するものを除く）を包括的に承継することになります（旧民法第986条本文）。

> 旧民法第986条
> 　　家督相続人ハ相続開始ノ時ヨリ前戸主ノ有セシ権利義務ヲ承継ス

しかし、民法附則第32条は、「新法第906条及び第907条の規定は、第25条第1項の規定によって遺産相続に関し旧法を適用する場合にこれを準用する。」と規定しています。

第4章 関与先からの相談に関する質疑応答

「新法第906条、第907条」は、遺産分割に関する規定です。

> 新法第906条
>   遺産の分割は、遺産に属する物又は権利の種類及び性質、各相続人の年齢、職業、心身の状態及び生活の状況その他一切の事情を考慮してこれをする。
>
> 新法第907条
> 1 共同相続人は、次条の規定により被相続人が遺言で禁じた場合を除き、いつでも、その協議で、遺産の分割をすることができる。
> 2 遺産の分割について、共同相続人間に協議が調わないとき、又は協議をすることができないときは、各共同相続人は、その分割を家庭裁判所に請求することができる。
> 3 前項の場合において特別の事由があるときは、家庭裁判所は、期間を定めて、遺産の全部又は一部について、その分割を禁ずることができる。

旧民法では、遺産分割の手続がありませんでしたが、民法附則により、旧民法適用の相続であっても、遺産分割を可能としているものです。

したがって、「法律上は」Ⅹ氏が家督相続の届出をしていても、現行民法に基づく遺産分割協議が可能と解されています（注釈民法28巻538頁）。

ただし、法律上、遺産分割が可能としても、本件は不動産ですので、いかなる要件を整えれば相続登記ができるかが問題となります。

この件については、司法書士に登記先例等を調べてもらう必要がありますので、お知合いの司法書士にご確認いただければと思います。

4-30 口頭の遺留分減殺請求の場合の注意点

[質問]

被相続人甲が先日死亡し、相続人は長男Ａ、長女Ｂの２人です。生前、甲はＡにその財産を全て相続させる旨の公正証書遺言をしていましたが、ＢがＡに対し、遺留分を口頭で主張してきました。そのため、Ａはその弁償金を支払うことに決めました。

この場合、書面化しないと、Ａは受贈した金額全額が相続税の課税価格になり、ＢはＡからもらう弁償金は贈与税の対象になるのではないか、という点を心配しております。

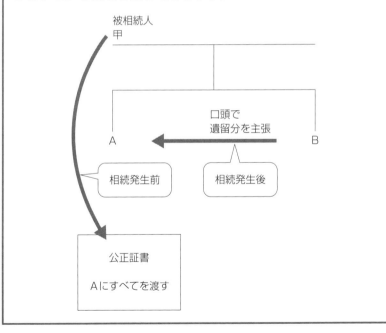

第4章　関与先からの相談に関する質疑応答

[回　答]

　まず、法的な面についてです。遺留分減殺請求は、受贈者等に対する意思表示によってその効果が発生します。特に形式は定まっていません。

　しかし、口頭での遺留分減殺請求は次の2点について、後で争いになることがあります。

　(1)　いつ遺留分減殺請求がなされたのか
　(2)　法的な効果を発生させる趣旨で遺留分減殺請求がなされたのか

　したがって、できるだけ書面により遺留分減殺請求をしてもらう方がよいでしょう。

　あるいは、AとBが書面で合意する際に、

　「○年○月○日に、BからAに対し、遺留分減殺請求の意思表示がなされたことを確認する。」

という文言を入れておいた方がよろしいかと思います。

　法的には、遺言に基づかない遺産分割協議を行ってもよいですし、書面にて確認してもよい、ということになります。

　次に税務処理に関してです。

　最高裁昭和57年3月4日判決は、

　「遺留分減殺請求権は形成権であって、その行使により贈与又は遺贈は遺留分を侵害する限度において失効し、受贈者又は受遺者が取得した権利は右の限度で当然に遺留分権利者に帰属する。」

としています。

　したがって、Aの相続税申告がまだであれば、相続財産から控除して申告することになり、すでに申告済みのときは、弁償金額が確定したことを知った日の翌日から4カ月以内に更正の請求をすることになるかと思います（相続税法第32条第1項第3号）。

税務上でも、書面を作成していないときは、
1．Aは、全ての財産を相続した上で、Bに対して金銭を贈与したのか
2．Bから遺留分減殺請求をされたために価格弁償をしたのか
について、課税庁と見解の相違が生じる可能性があります。
　したがって、
①　遺留分減殺請求の意思表示、遺留分解決に関する合意書面
②　遺言によらない遺産分割協議書
のいずれかを作成しておく方がよいと思います。

[補　足]

　遺留分制度とは、本来、被相続人は自分の財産を自由に処分できるはずのものであるところ、相続財産の一定割合について、一定の法定相続人に保障するための制度です。
　遺留分は、兄弟姉妹を除く法定相続人である、配偶者、子、直系尊属にあります。また、子の代襲相続人（再代襲を含む）にも遺留分があります。胎児も生きて生まれたときは、遺留分を有します。
　兄弟姉妹には遺留分がありませんので、兄弟姉妹に相続財産を残したくない場合には、遺言により全ての財産を兄弟姉妹以外の者に与えるという方法があります。
　遺留分の率としては、次のようになっています。
(1)　直系尊属のみが相続人である場合は被相続人の相続財産の3分の1
(2)　その他の場合は被相続人の相続財産の2分の1
　遺留分減殺請求権を行使した場合の効果について、最高裁昭和57年3月4日判決は、
「遺留分減殺請求権は形成権であって、その行使により贈与又は遺贈は遺留分を侵害する限度において失効し、受贈者又は受遺者が取得した権利

は右の限度で当然に遺留分権利者に帰属する。」
としています。
　この結果、特定物が遺贈や贈与などされたときに遺留分減殺請求権が行使された場合には、遺贈や贈与などの全部が減殺されたときは遺留分請求権者の単独所有となり、一部が減殺されたときは受遺者ないし受贈者との共有となります。
　この共有は、遺産共有ではなく物権法の共有なので、共有状態を解消するには遺産分割の手続ではなく、共有物分割の手続をとることになります。
　しかし、2018年の改正相続法では、遺留分減殺請求権の物権的効果を否定し、遺留分侵害額に相当する金銭の支払いを請求することができる「遺留分侵害額請求権」という制度に改めました。この結果、遺留分侵害額請求権を行使しても共有状態は生じなくなり、金銭支払請求のみができることになりました。
　この改正は、2019年7月1日から施行されます。

4-31 死亡保険金と特別受益

[質 問]

相続案件を受託しているのですが、死亡保険金と特別受益の関係の質問です。

被相続人が養老保険契約を締結しており、相続人の1人を死亡保険金の受取人として指定していました。

最高裁平成16年10月29日判決で、一定の場合には、特別受益の持戻しの対象になると理解しています。判決文を読んでも抽象的で、どのような場合に持戻しされるのかが理解できません。基準があれば教えてください。

[回 答]

まず、死亡保険金が相続財産になるかどうかの法的知識の基本から説明します。

被相続人を被保険者とする死亡保険金請求権については、被相続人自らを死亡保険金の受取人に指定した場合は、相続財産となり、相続人に相続されることとなります。

次に、特定の相続人を受取人に指定した場合は、死亡保険金請求権は、保険契約に基づき、保険金受取人が自らの固有の権利として取得するものであり、被相続人から承継取得したものではないとして、相続財産にならないとされています（最高裁昭和40年2月2日判決・民集19巻1号1頁）。

(1) 最高裁平成16年10月29日判決

特別受益の問題については、養老保険契約に基づき保険金受取人とされ

た相続人が取得する死亡保険金請求権又はこれを行使して取得した死亡保険金が、民法第903条第1項（特別受益）に規定する遺贈又は贈与に係る財産にあたるかいなかが争われた事案があります。

この事案において、最高裁平成16年10月29日判決（百選Ⅲ61）は、死亡保険金請求権は、保険契約に基づき、保険金受取人が自らの固有の権利として取得するものであり、被相続人から承継取得したものではないとして、相続財産にならないこと、死亡保険金請求権は被保険者が死亡したときに初めて発生するものであり、保険契約者の払い込んだ保険料と等価関係に立つものではなく、被保険者の稼働能力に代わる給付でもないことから、実質的に保険契約者又は被保険者の財産に属していたとみることができないこと、などから特別受益に該当する遺贈又は贈与にかかる財産には当たらない、と判示しました。

したがって、死亡保険金請求権は、特別受益そのものには該当しない、ということです。

ただし、その結果、「保険金受取人である相続人とその他の共同相続人との間に生ずる不公平が民法第903条の趣旨に照らし到底是認することができないほどに著しいものであると評価すべき特段の事情が存する場合には、同条の類推適用により、当該死亡保険金請求権は特別受益に準じて持戻しの対象となる。」としました。

そして、「特段の事情」の判断基準としては、「保険金の額、この額の遺産の総額に対する比率のほか、同居の有無、被相続人の介護等に対する貢献の度合いなど保険金受取人である相続人及び他の共同相続人と被相続人との関係、各相続人の生活実態等の諸般の事情を総合考慮して判断するもの」としています。

この基準が曖昧で理解しにくい、ということだと思います。

この事例では、「特段の事情」はないとして、特別受益性を否定しまし

た。

事情としては、
- 遺産総額が6,399万7,631円
- 相続人の1人が受領した死亡保険金等合計793万5,057円
- →遺産総額に対する死亡保険金の割合は、約12％です。

(2) **下級審裁判例**

他の裁判事例も見てみます。

【大阪家裁堺支部審判平成18年3月22日】
- 遺産総額が6,963万8,389円
- 死亡保険金が428万9,134円
- 遺産総額に対する割合が6％余り
- 長年被相続人と生活を共にし、入通院時の世話をしていた
- →持戻しの対象にならない。

【東京高裁平成17年10月27日決定】
- 遺産総額が1億0,134円
- 相続人の1人が受領した保険金額が1億0,129円
- 遺産総額とほぼ同額
- 受取人の変更がされたとき同居しておらず、被相続人夫婦の扶養や療養介護を託するといった明確な意図もない
- 他の相続人らは保険金額1,000万円の保険金を受領したのみ
- →持戻しの対象となる。

【名古屋高裁平成18年3月27日決定】
- 相続開始時遺産総額が8,721万3,883円

・受け取った死亡保険金額は5,154万0,864円
・遺産総額に対する割合は相続開始時約61％、遺産分割時77％
・保険受領した妻との婚姻期間3年5カ月程度
→持戻しの対象となる。

　以上の事例を見ると、明確な判断基準を導き出すのは困難ですが、遺産総額に対する保険金の割合が10％程度であれば持戻しの対象とならず、割合が大きい場合には、療養や介護の状況、同居しているかどうかなど、保険受取人に保険金を保有させるべき合理的な事情や特別の事情があるかどうかを検討しているように思われます。

[補　足]
　生命保険に関しては、遺留分の関係でも問題となります。
　被相続人が、自己を被保険者とする生命保険契約を契約しているときに、死亡保険金の受取人を被相続人から相続人に変更する行為が遺留分減殺請求権の対象となる遺贈又は贈与に当たるかどうかが争われた事案があります。
　これについて、最高裁平成14年11月5日判決（民集56巻8号2069頁）は、遺留分減殺請求の対象にはならない、と判示しています。

4-32 養子縁組する前に生まれた子の代襲相続

[質問]

顧問先の被相続人Aが亡くなりました。相続人は、長女Bと次女Cの2人がいます。

長女Bの夫D（再婚）には、長女Bとの結婚前である平成10年に別の女性との間に長男甲が生まれており（Bの子ではない）、その後、平成11年にBとDは結婚しました。

平成12年にはBとDとの間に長女乙が生まれ、翌平成13年に被相続人とDが養子縁組しました。その後、平成20年にDは死亡しています。

夫Dの長男甲は養子縁組前の子ですが、代襲相続により相続人になるでしょうか。

また、長女BとDの長女乙は、養子縁組前ではあるがBの子なので被相続人の直系卑属です。この長女乙は、相続人になるでしょうか。

平成10年	Dと第三者との長男甲出生
平成11年	BとDが婚姻
平成12年	BとDとの長女乙出生
平成13年	被相続人とDが養子縁組
平成20年	D死亡

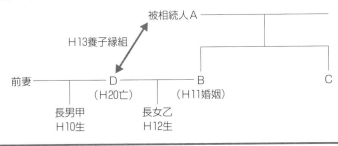

[回 答]

代襲相続を規定する民法第887条第2項は、次のように規定しています。

> 民法第887条第2項
> 　被相続人の子が、相続の開始以前に死亡したとき、又は第891条の規定に該当し、若しくは廃除によって、その相続権を失ったときは、その者の子がこれを代襲して相続人となる。ただし、被相続人の直系卑属でない者は、この限りでない。

(1) 長男甲について

夫Dの長男甲が、この「被相続人の直系卑属でない者」にあたるかどうかが問題となります。

養子縁組の親族関係については、民法第727条は、次のように規定しています。

> 民法第727条
> 　養子と養親及びその血族の間においては、養子縁組の日から、血族間におけるのと同一の親族関係を生ずる。

この条文の反対解釈により、養子縁組をした場合でも、養親と養子の血族との間においては親族関係は発生しない、ということになります。

ということは、今回のように養子縁組前にすでに生まれている者は、第727条の対象外となり、被相続人Aの直系卑属でない者、ということなります。

したがって、Dの長男甲は、代襲相続による相続人とはならないことになります。

(2) 長女乙について

次に、長女乙についてですが、大阪高判平成元年8月10日判タ708号222頁によると、

「民法887条2項ただし書において、「被相続人の直系卑属でない者」を代襲相続人の範囲から排除した理由は、血統継続の思想を尊重するとともに、親族共同体的な観点から相続人の範囲を親族内の者に限定することが相当であると考えられたこと、とくに単身養子の場合において、縁組前の養子の子が他で生活していて養親とは何ら係わりがないにもかかわらず、これに代襲相続権を与えることは不合理であるからこれを排除する必要があったことによるものと思われるところ、本件の場合には、右Cはその母Bを通じて被相続人Aの直系の孫であるから右条項の文言上において直接に違反するものではなく、また、被相続人との家族生活の上においては何ら差異のなかった姉妹が、亡父と被相続人間の養子縁組届出の前に生れたか後に生れたかの一事によって、長女には相続権がなく二女にのみ相続権が生ずるとすることは極めて不合理であるから、衡平の観点からも、右Cには被相続人Aの遺産に関し代襲相続権があると解するのが相当である」

として、本件の長女乙に該当する者に代襲相続権を認めています。

しかし、この点は、まだ最高裁で確定していません。

したがって、税理士としては裁判例を前提に、BとDの長女乙を代襲相続人として手続し、後日紛争となった場合には、裁判所の判断に委ねることになると思います。

なお、後日最高裁などにより、異なる結果になったとしても、税理士の過失にはならないものと考えます。

4-33 不動産贈与証と贈与契約書

[質問]

配偶者間で自宅土地建物の贈与を原因とする所有権移転登記をしました。
その際、司法書士が「不動産贈与証」なる書類を作成してくれたのですが、これは贈与契約書の代わりになるものでしょうか。
内容は、下記のとおりです。
「後記の不動産を本日貴方に無償で贈与いたしました。若し、この不動産について故障等を申し出る者がありましたときは私が一切を引受けて貴方には少しもご迷惑をお掛けいたしません。後日のためこの贈与証書を差し入れます。」
この内容で契約書の代わりになればよいのですが、代わりにならないのであれば、新たに贈与契約書を作成する必要があるでしょうか。

[回答]

法的な観点と税務上の観点で検討したいと思います。

(1) **法的な観点**

贈与も契約であり、契約である以上、双方の合意（意思表示の合致）が必要となります。その意味では、受贈者の贈与を受ける意思表示が必要であり、「差し入れ方式」ではなく、「契約書」の方が法的には正確となります。
予想される紛争としては、贈与者が後日、「贈与が無効だ」と主張するパターン、贈与者が死亡した後、相続人が同様の主張をするパターンなどが

想定されます。

　ただし、不動産の贈与の場合は、司法書士による意思確認が入り、委任状に署名押印もしているので、受贈者も贈与を受ける意思はあったものと認定されることが多いでしょう。

　また、相続発生後トラブルになるのは、贈与者の意思が真意に出たかどうかという場合が多いのですが、この点は差し入れ方式か契約書方式かで異なりません。

　したがって、贈与者が自分で贈与証書に署名押印し、かつ贈与者及び受贈者が自分で司法書士に対する委任状の署名押印をした事実が確認できれば、特に改めて契約書の作成は不要かと思います。

　ただし、贈与者の意思能力に問題があるような場合は、医師による判断能力の鑑定を受けた上、改めて契約書や確認書を取得する方が安全だと思います。

(2) 税務上の観点

　税務上も贈与があったと認定されるかどうかは、(1)で検討したことに加え、相続税基本通達9-9があります。

　「不動産、株式等の名義の変更があった場合において対価の授受が行われていないとき又は他の者の名義で新たに不動産、株式等を取得した場合においては、これらの行為は、原則として贈与として取り扱うものとする。(昭39直審(資)22改正)」

　したがって、さらに贈与の認定がされやすいものと考えます。

第4章 関与先からの相談に関する質疑応答

4-34 建物名義人と地代支払人が異なるときの借地権の帰属

[質問]

　借地契約して地代を支払ってきた人と、借地上の建物の所有者が違う人の場合、借地権は誰に帰属するかお教えください。

【概要】

　平成29年6月に建物所有者であるＳ（女性）の相続開始です。

・昭和の始め頃　　Ｓの父親Ｔが土地所有者である地主Ａと借地契約
・昭和40年　　　　建物再建築
・昭和42年　　　　Ｔ死亡による相続でＳが建物を相続
・昭和63年　　　　Ｓの夫Ｙが借地の更新契約締結
・平成3年　　　　地主Ａが土地を第三者Ｂに譲渡
・平成4年　　　　地主をＢとして、Ｙが借地契約締結

（使用関係）

　ＳとＹは、本件建物に居住していた。

　Ｙは「自分が借地契約をし、地代も払ってきたから、もしかしたら借地権は自分のものではないか」と考えているようです。

　登記上は、本件建物の所有権はＳに帰属しています。

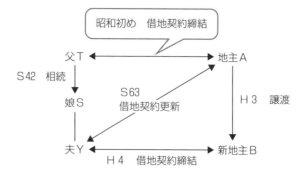

この場合、借地権は相続財産を構成するのか、あるいはYに帰属するのか教えてください。

[回答]

　このケースは、法律や判例で一義的に決まるものではなく、「事実認定」の問題となります。したがって、後日裁判をしないと決まらない問題である可能性が高い、ということになるでしょう。

　そこで、相続税申告をするにあたって、どのように認定するか、という問題になると思います。

[対策]

　まず、昭和42年のTの相続時に、「相続」を原因としてTからSに所有権移転登記がされている、ということなので、そのときの遺言書ないし遺産分割協議書、相続税申告書を確認します。

　通常は、建物の相続と同時に借地権がSに相続されていると思います。そうであれば、この時点ではSを借地人として認定することになります。

　問題は、その後です。昭和63年の契約更新時にYを賃借人として契約がされていますが、これは次の点が問題となります。

・名義貸しにすぎないのか（借地人はS）
・賃借人が変更されたのか（借地人はYに変更され、Sは転借を受けている）

　この場合、賃料債権が発生していますが、Sは支払っていないでしょうから、賃料分の贈与と認定される可能性があります。

　この点については証拠がないと思いますが、この時に、なぜ建物名義人でないYを賃借人として更新契約書を締結したのか、関係者に聞き取りをすることになります。

そして、その経緯については、「後日の税務調査で問題になる可能性があるので、証拠として残しておきましょう」とお伝えして、経緯を「陳述書」という形にして署名押印をもらって証拠化しておきます。

これが、後日の税務調査で証拠となるとともに、後で依頼者から供述を覆されて税賠請求されたときの防御証拠にもなります。

このとき、仮にYは、「自分が賃借人になって、転貸するつもりだったのだ」と言い出した場合には、「賃借権の時効取得」の可能性も出てくるので、その旨も陳述書に記載しておく必要があります。

また、S及びYのこれまでの確定申告や預金通帳などの確認により、誰が地代を負担していたのか、建物の固定資産税を負担していたのか、なども確認しておいた方がよいと思います。

それら証拠を集めた上での「事実認定」となると思います。

相続税申告はしなければいけませんので、いずれかの事実認定をしなければなりません。しかし、後日の税務調査により、その認定が覆されて追加の納税が発生し、過少申告加算税、延滞税、場合によっては重加算税の賦課決定を受ける可能性もあります。

その場合には税理士損害賠償に発展する可能性もあります。そのため、税理士はどの程度まで事実を調査し、権利関係を認定すればよいのか、という問題があります。

過去の事例として、相続税申告業務において、相続人が相続していない不動産について相続財産に含めたことにより過大な相続税の支払いを余儀なくされたとして、税理士に対して損害賠償請求がされた事例において、那覇地裁沖縄支部平成23年10月19日判決は、税理士の損害賠償責任を否定しました。

この事例では、次のような理由付けをしています。

(1)　税理士Yは、本件土地の所有名義人が訴外甲であることを確認した

ことから、訴外乙の相続人らに事情を尋ねたところ、訴外乙が本件土地を所有していた旨の回答を得たばかりか、訴外丙から、自分が本件土地を相続したと主張されたものである。
　Ｙが、税務の観点に立って、相続税を負担することになるにもかかわらず、相続による取得を主張する者の供述に信用性を認めたことには、合理性が認められる。
(2)　そして、税理士Ｙは、本件協議書の内容や本件土地の利用状況も調査し、上記供述の裏付けを得ている。
(3)　税理士は、税務の専門家であって、法律の専門家ではないから、ある財産を遺産に含めて相続税の課税対象として処理する場合に、所有権の移転原因を厳密に調査する義務があるとまではいえず、税務署が納税行為の適正を判断する際に先代名義の不動産の有無を考慮している現状にも照らせば、被告が本件土地に関する調査義務に違反したということはできない。

したがって、税理士として各種調査をし、合理的な判断をすれば、税理士損害賠償責任が発生することはない、ということになるでしょう。
　なお、税賠防止のために、事実認定のための証拠をきっちり取っておくこと、申告時には依頼者らの了承の書面を取得しておくこともご検討ください。

4-35　老朽建物の賃貸人の責任

[質問]

相談者は個人の不動産賃貸業を営んでいる方です。

個人の土地に2階建のプレハブの建物を建て、法人に賃貸しています。法人は1階を作業場として使用し、代表者が2階で寝泊まりしているようです。

賃貸借契約書は3年間の契約で結んでいますが、利用目的は記載していません。賃料不払いはありません。

そのプレハブも老朽化しており、当初、生活するように考えていなかったので、何か不測の事態が起きた際、貸手責任が問われないか心配しています。手当てすべきことがありましたらご教示お願いいたします。

[回答]

賃貸借契約書に利用目的の記載がなく、建物内での宿泊が禁止されておらず、口頭で承諾していたような場合には、建物内での宿泊を認めた、ということになると思います。

そして、建物の賃貸借契約を結んだ場合、賃貸人は賃借人に対して、建物を正常な状態で使用させる義務があります（民法第601条）。建物が契約によって定まった目的にしたがって使用できなくなった場合には、これを修繕すべき義務もあります（同第606条）。

したがって、老朽化により倒壊の危険があるような場合には、賃貸人は修繕をして安全な状態にする契約上の義務があります。これを怠り、建物が倒壊したような場合は、債務不履行責任です。

また、修繕義務違反が認定されないとしても、民法第717条「土地の工作物の設置又は保存に瑕疵があることによって他人に損害を生じたときは、その工作物の占有者は、被害者に対してその損害を賠償する責任を負う。ただし、占有者が損害の発生を防止するのに必要な注意をしたときは、所有者がその損害を賠償しなければならない。」により、不法行為に基づく損害賠償責任を負担する可能性があります。

　実際、阪神淡路大震災において建物が倒壊して数人の賃借人が死亡した件に関し、神戸地裁平成11年9月20日判決は、賃貸人に対し、総額3億3,000万円あまりの損害賠償責任を認めています。

　そこで、賃貸借契約書に、老朽化による倒壊での損害賠償責任を免除する規定を盛り込むことを思いつきますが、契約は法人間であり、倒壊による損害を受けるのは寝泊まりしている個人を想定すると、契約の効力は個人に及ばず、有効な方法ではない、ということになります。

　そこで、次のことをご検討ください。

・賃貸借契約を締結し直し、利用目的を明記し、宿泊を禁止する。
・禁止した事項に違反することにより、賃借人あるいは第三者が損害を被った場合は、その損害は全て賃借人が負担し、賃貸人は免責される（個人からは損害賠償請求を受けますが、後日賃借人に求償する、という意味です）。
・次回契約満了時に更新拒絶する。
・次回契約満了時に「定期建物賃貸借契約」に切り替え、確実に終了させる。
・宿泊する個人から損害賠償免責の確約書を徴求する。

4-36 自殺が起きた賃貸物件の損害賠償請求

[質問]

> アパート賃貸を業とする関与先の会社について、当該会社が賃貸しているアパートの1室で自殺がありました。
> 荷物等は連帯保証人である父親に引き取ってもらい、原状回復とクリーニングはしたのですが、自殺物件は借手が見つからないし、同じ賃料をいただくことができません。
> 新しい賃借人には、自殺があったことを黙っていてもよいのでしょうか。

[回答]

　自殺物件は、次の賃借人にとって、心理的に嫌悪すべき事由であり、心理的瑕疵となります。したがって、賃貸人は賃貸借契約を締結するにあたり、自殺があったことを告知する義務があります。
　いつまで告知しなければならないか、については、いくつかの判例があります。
　まず、自殺後初めての賃借人には説明義務があるが、2人目の賃借人に対しては説明義務はない（東京地裁平成19年8月10日判決）とする判例があります。
　また、5年以上経過していた場合に説明義務がない（東京地裁平成21年6月26日判決）とする判例もあります。
　そして、他の部屋の場合は説明義務はないとされています。
　次に、自殺があると次の賃借人を見つけることが困難になります。つまり、自殺をされることにより、賃貸人が損害を被る、ということです。

この損害は、自殺をした人の行為によるものなので、自殺者に対する損害賠償請求権が発生します。しかし、自殺者は死亡しているので本人には請求できず、相続人に請求することになります。ただし、相続放棄されたら請求することはできません。
　いくらの損害賠償請求をすることができるか、については、いくつかの考え方があります。

【東京地裁平成19年8月10日判決】
　1年間賃貸不能であり、かつ、その後2年間賃料半額とするのが相当なので、その分の損害を請求できる、としました。
　例えば、賃料月額10万円と仮定すると、120万円（1年分）＋120万円（2年間は半額）＝240万円の損害という考え方です。

【東京地裁平成13年11月29日判決】
　2年間約42％の賃料減とするのが相当であり、2年程度を経過すると、瑕疵と評価できなくなるので、その分の損害を請求できる、としました。
　例えば、賃料月額10万円と仮定すると、100万8,000円の損害という考え方です。

【東京地裁平成25年7月3日判決】
　1年間賃貸不能であり、6～8年賃料半額とするのが相当なので、その分の損害を請求できる、としました。
　例えば、賃料月額10万円と仮定すると、120万円（1年間）＋360万円～480万円の損害という考え方です。

4-37 賃貸人の変更により賃料支払先不明の場合の対応

［質　問］

> 関与先が賃借している事務所の建物所有者が変更になったとの通知書が届きました。
> 記載内容は、「一度訪問し、今後の賃料について打ち合わせをしたい」と記載されています。そこには、賃料の振込先が記載されていませんでした。
> 賃料を払わなければならないので、一度電話をして振込先を教えてほしいと言いましたが、教えてくれません。
> (1)取引銀行を教えてくれない場合の対応と、(2)値上げの要請が考えられますが、どのように対応したらよろしいでしょうか。ちなみに、賃料額は近隣相場と比較すると割安だと思います。

［回　答］

　まず、賃料を払わないと、賃料不払いで賃貸借契約を解除されてしまいますので、必ず払わなければなりません。「振込先を教えてくれないから払わなくてよい」という主張は通らないことを関与先に理解していただく必要があります。

　振込先を教えてくれないときには、持参することになります。持参しても受け取ってもらえない場合には、法務局に「供託」をすることになります。供託をすれば、賃料を支払ったことになります。

　ただし、供託は、①受領拒絶、②債権者不確知、の場合でなければできません。今回、賃貸人は明らかですし、振込先を教えてくれないだけで受領を拒絶しているわけではありませんので、現時点では供託の要件を満た

しません。

　そこで、振込先を教えてくれないときは、実際に賃料を準備して弁済する旨通知して、賃貸人住所に赴いて弁済の提供をする必要があります。

　その結果、受領してくれればよいですが、受領を拒絶されたら、「受領拒絶」を理由に供託をすることができます。

　次に、値上げ要請ですが、賃貸人が一方的にできるものではありませんので、値上げ要請があったとしても、双方で合意するまでは、従前の賃料を払い続けていればよろしいかと思います。

　賃貸人がどうしても値上げをしたい場合には、賃料増額の内容証明がきた上で、賃料増額調停などを起こしてくると思います。その中で話合いになります。

借地借家法第32条
1　建物の借賃が、土地若しくは建物に対する租税その他の負担の増減により、土地若しくは建物の価格の上昇若しくは低下その他の経済事情の変動により、又は近傍同種の建物の借賃に比較して不相当となったときは、契約の条件にかかわらず、当事者は、将来に向かって建物の借賃の額の増減を請求することができる。ただし、一定の期間建物の借賃を増額しない旨の特約がある場合には、その定めに従う。
2　建物の借賃の増額について当事者間に協議が調わないときは、その請求を受けた者は、増額を正当とする裁判が確定するまでは、相当と認める額の建物の借賃を支払うことをもって足りる。ただし、その裁判が確定した場合において、既に支払った額に不足があるときは、その不足額に年一割の割合による支払期後の利息を付してこれを支払わなければならない。
3　建物の借賃の減額について当事者間に協議が調わないときは、その請求を受けた者は、減額を正当とする裁判が確定するまでは、相当と認める額の建物の借賃の支払を請求することができる。ただし、その裁判が確定した場合において、既に支払を受けた額が正当とされた建物の借賃の額を超えるときは、その超過額に年一割の割合による受領の時からの利息を付してこれを返還しなけれ

第4章 関与先からの相談に関する質疑応答

ばならない。

4-38 同族会社の底地譲渡価格の問題

[質 問]

　同族会社Ａの代表者甲が、甲所有の底地をＡに譲渡したいと思っています。その譲渡理由は、相続税の取得費加算を利用したいことで、譲渡の最終期限は４月30日です。
　公示価格がかなり上昇している地域で、時価計算で利用したい路線価の公表は７月ですので、計算困難です。
　同族会社の役員の場合は、譲渡価額の扱いが厳しいので、後日、税務署から譲渡価額で指摘されないように契約書を作成したいのですが、アドバイスをお願いいたします。

[回 答]

　今回の場合、譲渡価格が、譲渡のときにおける通常の販売価額（時価）と乖離しない金額に設定する必要があるかと思います。
　価格がかなり上昇している、とのことですので、安全策をとるのであれば、売買直前に不動産鑑定をした上で、不動産業者の売買見積りをとっておき、乖離がそれほどなければ不動産鑑定価格で売買するのがよろしいかと思います。
　この場合、否認されるときの税務調査は来年以降だと思いますが、公表された路線価と税務署が来年以降取得する不動産鑑定評価と、依頼者が売買時点で行った不動産鑑定評価のどちらが正しいか、という議論になります。
　この議論においては、立証責任、つまりどちらに自分の主張が正しいことを立証しきる責任があるか、がポイントとなります。

第4章　関与先からの相談に関する質疑応答

　所得税事案に関してですが、「租税法律主義、申告納税主義を採用している現行税法下の税務訴訟においては、課税標準となるべき所得の存在を合理的に首肯させるに足る一応の立証責任は国が負担する」(最高裁昭和38年3月3日判決)ことから、税務署が主張する時価が正しいことを立証する責任は税務署にある、ということなります。

　税務署から、「不動産鑑定評価が路線価より低いですよ。不動産鑑定評価が正しいことを証明できないなら、低額譲渡と認定しますよ」と言われても、それに応じる必要はないことになります。

　依頼者の取得した不動産鑑定評価が合理的な内容ならば、税務署において、その不動産鑑定評価が誤りで、かつ税務署の鑑定評価が正しいことを立証しきることは、簡単ではありません。

　そこで、上記方針を依頼者に説明し、実行した上で、なお不動産評価が適正価格でない場合には、追加の納税の不利益リスクがあることを説明しておくのがよろしいかと思います。

　この点は、税理士の「説明助言義務」です。したがって、説明助言に善管注意義務違反があると、損害賠償責任が発生します。

　今回の売買にて、税理士が説明助言すべきは、

・時価にて売買すること
・時価と乖離する場合には、法人税や所得税の追加納税、加算税・延滞税等の不利益が生ずる可能性があること
・時価を立証するための根拠資料を整えておくこと(これが、不動産鑑定、不動産業者の査定です)
・現時点で上記リスクを100％回避するのは不可能であるから、売買の際は、上記リスクを承知の上、実行すること

ということになります。

　そして、上記説明助言を書面にし、可能であれば署名押印をいただくこ

ととなります。それが難しければ、メール等で送信し、証拠化しておくことです。

　税理士の責任は、結果の全ての責任を負うことではなく、税理士として善管注意義務を尽くすこととなりますので、しっかりと将来発生可能性のある不利益を説明し、できるだけ不利益発生を回避する方法について助言しておくことが肝要だと思います。

4-39　3カ所の土地について土地譲渡契約書は1通でよいか

[質 問]

　同族会社が、その株主の個人の土地、借地権を取得予定にしています。その譲渡の際の契約書の記載内容等について3点お尋ねしたいことがあります。
　下記費用を会社負担として記載したいのですが、問題ないでしょうか。
　(1)　土地等に関する鑑定費用
　(2)　司法書士費用
　(3)　譲渡は更地と底地で合計3カ所ですが、契約書は1通にまとめてよいでしょうか。

[回 答]

(1)　**土地等に関する鑑定費用**

　今回、鑑定費用は会社と個人双方にメリットがありますので、どちらが負担しても結構だと思います。
　不動産鑑定士に発注し、不動産鑑定書の宛名が会社であれば、会社負担でよろしいかと思います。不動産鑑定士との契約ですので、不動産の売買契約書に鑑定費用の記載は不要です。

(2)　**司法書士費用**

　通常、司法書士費用は買主負担ですが、法律で決まっているわけではありません。そのため、今回は会社が負担しても問題ないと思います。

(3) **契約書について**

　契約書は1通にまとめてもよいと思いますが、後日、税務上の問題が出たときに、各個別の土地の問題にした方がよいので、合計金額のみではなく、それぞれの土地の価格を明記した上で、その合計額を記載しておいた方がよいと思います。

4-40 親の借地に子供が家を建てる場合の問題

[質 問]

相談者（甲）は、借地権付建物を相続しました。この建物の建替えを考えています。

新築する建物については、甲の子が資金を調達して、子の名義にしたいと考えています。

そこで、2点質問があります。

(1) 地主に承諾料を支払えば、建物新築、その名義を子にすることに関しては問題なく承諾していただけるものでしょうか。

(2) 不動産業者から、借地権なので親子リレーローンをすすめられたとのことですが、甲としては、それはできればしたくないと思っているとのこと。親子リレーローンのデメリットはあるでしょうか（今後、子との同居予定は全くございません）。

[回 答]

(1) 甲が借地権及び建物を相続した、ということであり、甲の子名義で建物を建築する、ということになると、

・借地人の名義変更をする

あるいは、

・土地の転貸の承諾を得る

ということが必要となります。

それぞれ税務上の検討もあわせておすすめします。

地主から承諾を得られるかどうかは、地主次第です。

地主から承諾を得られないときは、

- 甲の名義で建物を建築し、後日相続により甲の子が取得する
- 裁判所に対し、土地の賃借権の譲渡又は転貸の許可の申立をする（借地借家法第19条）

という方法があります。

> 借地借家法第19条
>   借地権者が賃借権の目的である土地の上の建物を第三者に譲渡しようとする場合において、その第三者が賃借権を取得し、又は転借をしても借地権設定者に不利となるおそれがないにもかかわらず、借地権設定者がその賃借権の譲渡又は転貸を承諾しないときは、裁判所は、借地権者の申立てにより、借地権設定者の承諾に代わる許可を与えることができる。この場合において、当事者間の利益の衡平を図るため必要があるときは、賃借権の譲渡若しくは転貸を条件とする借地条件の変更を命じ、又はその許可を財産上の給付に係らしめることができる。
> 2　裁判所は、前項の裁判をするには、賃借権の残存期間、借地に関する従前の経過、賃借権の譲渡又は転貸を必要とする事情その他一切の事情を考慮しなければならない。
> 3　第1項の申立てがあった場合において、裁判所が定める期間内に借地権設定者が自ら建物の譲渡及び賃借権の譲渡又は転貸を受ける旨の申立てをしたときは、裁判所は、同項の規定にかかわらず、相当の対価及び転貸の条件を定めて、これを命ずることができる。この裁判においては、当事者双方に対し、その義務を同時に履行すべきことを命ずることができる。
> 4　前項の申立ては、第1項の申立てが取り下げられたとき、又は不適法として却下されたときは、その効力を失う。
> 5　第3項の裁判があった後は、第1項又は第3項の申立ては、当事者の合意がある場合でなければ取り下げることができない。
> 6　裁判所は、特に必要がないと認める場合を除き、第1項又は第3項の裁判をする前に鑑定委員会の意見を聴かなければならない。

(2)　親子リレーローンを組むということは、当初甲が返済すると思います。

そうなると、返済金について、贈与にならないよう手当てをしておく必要があるように思います。

また、甲が返済するとなると、建物に甲の名義も入ると思います。その場合、借地人が誰になるのか、という問題がありますし、相続の発生により、他の相続人との関係が出てくるものと思われます。

親子ペアローンの場合も同じ問題が出てきます。

さらに、甲と同居しないのに親子リレーローンが組めるのか、という疑問もあります。親子ローンを組む場合には、2人とも団信に加入することをおすすめします。

なお、念のためですが、甲の名義でも甲の子の名義でも、建物の建替えをするときは、建替え自体に関して地主の承諾が必要となりますので、ご注意ください。

4-41 普通建物賃貸借契約と定期建物賃貸借契約の区別

[質問]

　関与先は、事務所を賃貸借契約により賃借していますが、このたび、賃貸人から賃貸借契約終了に基づく明渡しを迫られて困惑しています。
　賃貸人の主張としては、表題に「定期建物賃貸借契約」と記載してあることから、以下のような賃貸借契約書の第3条第3項で終了を主張できると言い張っています。
　この賃貸人の主張は正しいのでしょうか。

「引用」
第3条（契約期間）
　1　本物件の賃貸借期間（以下「本賃貸借期間」という。）は、本契約書締結日から6年間（2022年10月5日迄）とする。
　2　本契約は、本賃貸借期間の満了により終了する。但し、甲及び乙より契約満了日より6か月前までに解約の申し出がない場合は、本契約は満了日より2年間同一条件にて自動更新される。
　3　甲は、本契約を本賃貸借期間満了により終了させる場合には、本賃貸借期間満了の6か月前までに、乙に対し本賃貸借期間満了により本契約が終了する旨を書面により通知するものとする。
　4　甲は、前項に規定する通知をしなければ、本契約の終了を乙に主張できず、乙は本賃貸借期間の満了後においても本物件を引き続き賃借することができる。但し、甲が通知期間の経過後において乙に対し本契約が終了する旨の通知をした場合においては、その通知をした日から6か月を経過した日に本契約は終了する。

第4章 関与先からの相談に関する質疑応答

[回 答]

　定期借家契約の要件は、下記のとおりです。
(1) 書面による契約であること
(2) 期間を定め、契約の更新がないことを明記すること
(3) 契約書とは別に、あらかじめ建物の賃借人に対し、建物の賃貸借は契約の更新がなく、期間の満了により当該建物の賃貸借は終了することについて、その旨を記載した書面を交付して説明すること

　上記の要件を欠くと、定期借家契約としては無効で、普通の賃貸借契約となります。

　本件では、第2項で更新の記載がありますので、(2)の要件に抵触し、定期借家契約としては無効です。また、契約書とは別に書面交付がなければ、(3)により、定期借家契約としては無効です。

　本件契約の第3項の記載は関係ありません。したがって、本件は普通賃貸借契約となり、法定更新可能な賃貸借契約、ということになると思います。

　条文としては、以下のようになっています。

借地借家法第38条
1　期間の定めがある建物の賃貸借をする場合においては、公正証書による等書面によって契約をするときに限り、第30条の規定にかかわらず、契約の更新がないこととする旨を定めることができる。この場合には、第29条第1項の規定を適用しない。
2　前項の規定による建物の賃貸借をしようとするときは、建物の賃貸人は、あらかじめ、建物の賃借人に対し、同項の規定による建物の賃貸借は契約の更新がなく、期間の満了により当該建物の賃貸借は終了することについて、その旨を記載した書面を交付して説明しなければならない。
3　建物の賃貸人が前項の規定による説明をしなかったときは、契約の更新がないこととする旨の定めは、無効とする。

4　第１項の規定による建物の賃貸借において、期間が１年以上である場合には、建物の賃貸人は、期間の満了の１年前から６月前までの間（以下この項において「通知期間」という。）に建物の賃借人に対し期間の満了により建物の賃貸借が終了する旨の通知をしなければ、その終了を建物の賃借人に対抗することができない。ただし、建物の賃貸人が通知期間の経過後建物の賃借人に対しその旨の通知をした場合においては、その通知の日から６月を経過した後は、この限りでない。

5　第１項の規定による居住の用に供する建物の賃貸借（床面積（建物の一部分を賃貸借の目的とする場合にあっては、当該一部分の床面積）が200平方メートル未満の建物に係るものに限る。）において、転勤、療養、親族の介護その他のやむを得ない事情により、建物の賃借人が建物を自己の生活の本拠として使用することが困難となったときは、建物の賃借人は、建物の賃貸借の解約の申入れをすることができる。この場合においては、建物の賃貸借は、解約の申入れの日から１月を経過することによって終了する。

6　前２項の規定に反する特約で建物の賃借人に不利なものは、無効とする。

7　第32条の規定は、第１項の規定による建物の賃貸借において、借賃の改定に係る特約がある場合には、適用しない。

4-42 普通借地権と定期借地権の区別

[質問]

借地権・定期借地権についてご教授いただきたく存じます。

相続税申告の借地権の評価をする際に、借地権なのか定期借地権なのかで悩んでおります。

被相続人と賃貸人との間で下記のような土地賃貸借契約書を取り交わしております。

> 第1条 甲（賃貸人）は、乙（被相続人）に対し、以下に記載する甲所有土地を、以下に記載する条件で賃貸することを約し、乙はこれを賃借して賃料を支払うことを約した。
> 　1　物件所在地　　○○○
> 　　　物件面積　　　○○○
> 　2　用途　　　　　木造普通建物所有の目的
> 　3　賃貸借期間　　平成○○年○○月○○日より平成○○年○○月○○日（20年間）までとする。この契約は前契約を引き継ぐ旧借地権法によるものである。
> 　4　賃料　　　　　1カ月金○○円也
>
> （中略）
>
> 第8条　本契約は賃貸借期間の満了により消滅する。
> 第9条　本契約が終了した場合、乙は、甲に対し、理由を問わず直ちに、本物件を現状に復した上で、無条件で明け渡さなければならない。

以上のように第1条第3項で、旧借地権法によるものとする、と記載しておりますが定期借地権のような内容となっております。この契約は、旧借地権法に基づく契約なのか、定期借地権に基づく契約なのか、どちらなのでしょうか。

[回 答]

　まず、本件賃貸借契約が、借地借家法における定期借地権の要件を満たすかどうかで、一次判定をするのがよろしいかと思います。

　財産評価基本通達での定期借地権は、

・定期借地権（借地借家法第22条）
・事業用定期借地権等（借地借家法第23条）
・建物譲渡特約付借地権（借地借家法第24条）

ということだと思います。

　ところで、本件借地契約の存続期間は20年ということですが、この点、定期借地権の存続期間は50年以上、建物譲渡特約付借地権の存続期間は30年以上です。

　したがって、この時点で、2つの可能性が消えます。

　借地借家法の条文を記載しておきます。

（定期借地権）
借地借家法第22条
　　存続期間を50年以上として借地権を設定する場合においては、第9条及び第16条の規定にかかわらず、契約の更新（更新の請求及び土地の使用の継続によるものを含む。次条第1項において同じ。）及び建物の築造による存続期間の延長がなく、並びに第13条の規定による買取りの請求をしないこととする旨を定めることができる。この場合においては、その特約は、公正証書による等書面によってしなければならない。

（建物譲渡特約付借地権）
借地借家法第24条
　　借地権を設定する場合（前条第2項に規定する借地権を設定する場合を除く。）においては、第9条の規定にかかわらず、借地権を消滅させるため、その設定後30年以上を経過した日に借地権の目的である土地の上の建物を借地権設定者に相当の対価で譲渡する旨を定めることができる。

第4章　関与先からの相談に関する質疑応答

　最後に、事業用定期借地権等（借地借家法第23条）について、検討します。これは、10年以上です。要件としては、以下の通りです。
・専ら事業の用に供する建物所有を目的とすること
・賃貸借契約を公正証書で行うこと
　今回、賃貸借の目的が、「木造普通建物所有の目的」ということですが、居住用であったり、あるいは他に専ら事業の用に供する建物所有を目的とすることがうかがわれない場合、あるいは公正証書で行ってない場合は、要件に該当しません。
　したがって、普通借地権で評価すればよろしいかと思います。
　借地借家法の条文を記載しておきます。

借地借家法第23条
　専ら事業の用に供する建物（居住の用に供するものを除く。次項において同じ。）の所有を目的とし、かつ、存続期間を30年以上50年未満として借地権を設定する場合においては、第9条及び第16条の規定にかかわらず、契約の更新及び建物の築造による存続期間の延長がなく、並びに第13条の規定による買取りの請求をしないこととする旨を定めることができる。
2　専ら事業の用に供する建物の所有を目的とし、かつ、存続期間を10年以上30年未満として借地権を設定する場合には、第3条から第8条まで、第13条及び第18条の規定は、適用しない。
3　前2項に規定する借地権の設定を目的とする契約は、公正証書によってしなければならない。

　上記の要件に該当する場合は、「当初契約の始期は昭和〇〇年〇〇月〇〇日であり、この契約は前契約を引き継ぐ旧借地権法によるもの」が真実であり、本件契約が旧借地法の契約を更新されたものかどうかの事実認定を行うことになります。
　旧契約、聞き取り、公正証書の存在、使用状況などの事実認定をし、その証拠を残しておくことをおすすめします。

4-43 宅建業に該当する要件

[質 問]

　顧問先の同族会社が不動産を購入するのですが、不動産の購入は不動産取引にあたるため、宅建業者の資格を持っていないと法律違反になりますか。
　また、同族会社の親族は他の底地をその借地権者に売却し、その同族会社が売却するにあたって、いろいろ手伝いました。ここで手数料をもらうのは宅建法違反ですか。
　同族会社の定款には、不動産の売買、不動産賃貸物件の斡旋仲介管理、とあるのですが、同族間といえども手数料をもらったり、土地を転売するのは宅地宅建取引違反になるのでしょうか。

[回 答]

　今回のご質問は、「業」の概念がポイントになりそうです。
　宅建業法違反が争われた最高裁昭和49年12月16日判決は、「『宅地建物取引業を営む』とは、営利の目的で反復継続して行う意思のもとに宅地建物取引業法第2条第2号所定の行為をなすことをいう。」と判示しています。
(1)　営利の目的
(2)　反復継続して行う意思
(3)　宅地若しくは建物の売買若しくは交換又は宅地若しくは建物の売買、交換若しくは貸借の代理若しくは媒介をする行為（宅建業法第2条第2号）
が要件となります。
　したがって、報酬をもらわなければ宅建業法違反ではありませんし、報

酬をもらう場合には、不動産の売買、交換、媒介、代理等を「反復継続して行う意思」で行っているかどうかで、宅建業に該当するかどうかが決まってきます。

　この判断は、「社会通念」にしたがって判断しますので、年に数回行っていれば、「業」といえるでしょうし、10年前に1度行っただけ、ということであれば反復継続性はない、という判断になりやすいでしょう。

　この判断過程で、定款の記載がクローズアップされます。

　定款に、「不動産の売買、不動産賃貸物件の斡旋仲介管理」とあることは、反復継続して行う意思があることを推定させることになりますので、「業」と認定されやすくなる、ということになります。

　以上の観点から、

（1）　反復継続性がなければ報酬を得ても問題ない

（2）　反復継続性がある場合には、報酬をもらわないようにする

ということになるかと思います。

4-44 送迎サービスの実施で気をつける点

[質問]

　顧問先の開業医の送迎サービスについて質問です。

　送迎サービスを始めるのですが、患者様からは、甲を開業医、乙を患者様として、「甲の故意によらない事故により乙に損害が生じた場合でも甲は責任を負いません。」との文章で同意書をいただいております。この同意書は有効でしょうか。

　他にも、将来的に同意書に入れておいた方がよい文言や、最低限入れておいた方がよい文言がありましたら、合わせて教えてください。

[回答]

　医院と患者との契約は、消費者契約法の適用を受けます。そして、送迎サービスは、送迎することを約束する送迎サービス契約、ということになる可能性が高いでしょう。

　消費者契約法は、有償の契約であると無償の契約であるとを問わず適用されますので、送迎サービス契約にも消費者契約法が適用される、という結論になる可能性が高いです。

　消費者契約法第8条は、次のように規定しています。

> 消費者契約法第8条
> 　次に掲げる消費者契約の条項は、無効とする。
> 　一　事業者の債務不履行により消費者に生じた損害を賠償する責任の全部を免除し、又は当該事業者にその責任の有無を決定する権限を付与する条項
> 　二　事業者の債務不履行（当該事業者、その代表者又はその使用する者の故意又は重大な過失によるものに限る。）により消費者に生じた損害を賠償する責任の一

> 部を免除し、又は当該事業者にその責任の限度を決定する権限を付与する条項
> 三　消費者契約における事業者の債務の履行に際してされた当該事業者の不法行為により消費者に生じた損害を賠償する責任の全部を免除し、又は当該事業者にその責任の有無を決定する権限を付与する条項
> 四　消費者契約における事業者の債務の履行に際してされた当該事業者の不法行為（当該事業者、その代表者又はその使用する者の故意又は重大な過失によるものに限る。）により消費者に生じた損害を賠償する責任の一部を免除し、又は当該事業者にその責任の限度を決定する権限を付与する条項

　この消費者契約法第8条第1項第1号及び第3号により、損害賠償の一切を免除する規定は無効になりますので、上記同意書は、無効になるおそれがあります。

　そのため、送迎サービスの場合には全部免責ではなく、自動車保険に加入した上で自動車保険の範囲内で損害賠償責任を負担する、というような一部免責の条項にしている例が多いです。

　また、送迎サービスの場合で事故が起こりやすいのは、運転中だけでなく「乗降時」もあります。

　乗降時の介助をするのかどうか、介助するということであれば、その過程で生じた転倒などの事故に損害賠償責任が発生する可能性があります。そのような場合の責任関係も規定しておく必要があります。

　送迎サービスは患者の権利なのか、あるいは医院の方で空いているときだけサービスすることがあるというものなのか、権利義務か、あるいは医院の裁量によるのか、拒絶できる場合はどのような場合か、なども規定しておく方がよろしいかと思います。

　さらに、サービスの中止や終了などがあることも規定しておく方が望ましいでしょう。

　そう考えると、法的な問題が多数ありますので、弁護士に作成を依頼するということもご検討いただいた方がよろしいかと思います。

4-45 社用車利用規程の内容

[質問]

　会社が所有する車両を従業員が使用する場合の規程を作成しております。下記の点が気になるのですが、いかがでしょうか。何か他によい書き方があれば教えてください。

(1) 「業務外の運行中に起こした事故については、会社は賠償責任を負わない。」

　私の理解ですと、業務外であったとしても社用車の場合、会社が責任を負う可能性があると思うのですが、このような書き方をする以外に方法はないのでしょうか。

(2) 「業務運行中に車両使用者が起こした事故による損害賠償の責任は、会社が負うものとする。ただし、事故当事者である車両使用者が、故意又は過失により事故を発生させた場合には、車両使用者はその損害賠償の責を免れない。」

　何か、会社を守るよい書き方があれば教えてください。

(3) 「てんかん」について

　このような病名を指定して、使用を許可させないというのは不可でしょうか。何かよい記載例があれば教えていただければと思います。

[回答]

(1) **業務外の運行について**

　まず、業務外の運行を禁止する必要がありますので、
「車両を私的に使用することは、理由の如何を問わず許可しない。」

などという規定を設けます。

その上で、

「①業務外の運行中に事故を起こし、自己に損害が生じたときは、会社は一切の損害賠償責任を負わない。②業務外の運行中に事故を起こし、第三者に損害が生じたときは、その損害の一切は車両使用者が賠償する責任を負う。」

などと規定します。

ただし、第三者との関係では、先生のご理解のとおり、会社が責任を負う場合があります。それは、使用者責任（民法第715条）が適用される場合と、自賠法第3条による保有者としての責任が認められる場合です。

具体的には、事案によって要件を満たすかどうかで責任が発生します。

(2) 業務運行中について

このように規定するケースも多いと思いますが、次のように規定することもできます。

「業務運行中に、車両使用者の故意または過失に基づき、事故を起こし、第三者に損害が生じたときは、その損害の賠償は、会社と車両使用者の責任分担割合に基づき責任を負うものとする。」

これは、業務運行中の事故については、判例によると、全額を従業員の責任にすることはできず、会社もそれなりの負担を負うとされているためです。

(3) 「てんかん」について

次のように規定することが考えられます。

「次の場合には、車両の使用を許可しない。
　①　酒気を帯びた状態

② 薬物の影響で正常な運転に支障がある状態
③ 次の病気により、正常な運転に支障がある状態
　ア）自動車の安全な運転に必要な認知、予測、判断又は操作のいずれかに係る能力を欠くこととなるおそれがある症状を呈する統合失調症
　イ）意識障害又は運動障害をもたらす発作が再発するおそれがある「てんかん」（発作が睡眠中に限り再発するものを除く）
　ウ）再発性の失神（脳全体の虚血により一過性の意識障害をもたらす病気であって、発作が再発するおそれがあるもの）
　エ）自動車の安全な運転に必要な認知、予測、判断又は操作のいずれかに係る能力を欠くこととなるおそれがある症状を呈する低血糖症
　オ）自動車の安全な運転に必要な認知、予測、判断又は操作のいずれかに係る能力を欠くこととなるおそれがある症状を呈するそう鬱病（そう病及び鬱病を含む）
　カ）重度の眠気の症状を呈する睡眠障害
　キ）前各号に準じる病気
④ 過労、眠気により正常な運転に支障がある状態」

ちなみに、上記の各病気は、自動車運転死傷行為処罰法及びその政令で規定されている、運転に重大な影響のある病気です。

4-46 交通事故における加害者側の保険会社への対応

[質問]

> 関与先社長が車をぶつけられ、人身事故として話を進めていたところ、興信所から連絡がありました。
> (1) 保険会社が興信所を使うことはあるのでしょうか。
> (2) 「役員報酬で定額なので補償としての支払いはできない」と言われたようです。役員報酬の場合、休業補償と同等の補償を受けることは可能でしょうか。

[回答]

保険会社が興信所に調査を依頼することはあります。

しかし、興信所調査に対応する前に、保険会社の担当者に対して、調査を依頼したかどうか、どこの興信所に調査を依頼したのかを確認し、同一性を確認することが必要です。

次に、休業損害についてですが、休業損害は実費損害となります。

給与が支払われなければ休業損害が発生したことになりますが、給与が支払われたときは、「損害がない」ということになり、休業損害の発生はありません。

ただし、役員の場合には通常の給与所得者とは異なります。

役員報酬については、「労務提供の対価に相当する部分」と、実質的に「利益配当に相当する部分」の2つの性質の報酬が含まれていると考えられています。そして、この労務提供の対価部分のみが休業損害の対象とされています。

どの範囲が労務提供の対価部分の報酬であるかについては、当該役員の

職務内容、年齢、会社の収入、従業員・役員に対する給料の額、他の同業類似規模会社の役員報酬等の事情を考慮して判断されることになります。

なお、役員が交通事故の被害にあったことにより、会社が損害を被った場合には、それは役員の損害ではなく会社の損害なので、やはり休業損害ではありません。会社からの営業損害が認められるか、という論点となり、難易度が高くなります。

4-47 離婚問題で気をつけること

[質問]

> 関与先のご夫妻が離婚協議を行っています。
> 夫が個人事業主、妻は専従者（給与支給あり）、中学生の子供が1人のみで、子供は妻が引き取る予定です。
> 夫及び妻のそれぞれの税金関係、及び健康保険、国民年金の問題は私から説明できたのですが、現実に離婚となると他にも考えることがあると思います。
> 一般論で結構ですので、注意点を教えてください。

[回答]

離婚の場合、税金や保険、年金分割などの他、取り決めなければならないこととして、次のようなものがあります。

(1) 慰謝料
(2) 財産分与
(3) 親権者
(4) 養育費
(5) 子との面会交流

慰謝料は、決定的な離婚の原因を作った（浮気など）者がいる場合には負担します。性格の不一致などの場合には、慰謝料は発生しません。

財産分与は、婚姻時から築いたそれぞれの名義の財産を合計し、負債を引いて、それを半分にするのが原則です。

自宅など不動産がある場合に、もめる原因となるのは相続の場合と同様です。

親権者が妻ということなので、夫が養育費を払うことになると思います。

養育費の算定については、一応の基準表があります。子の数、夫と妻の所得金額から求めます。以下を参考にしていただければと思います。

「養育費・婚姻費用算定表」

http://www.courts.go.jp/tokyo-f/vcms_lf/santeihyo.pdf

面会交流は認められますが、実際には親権者の方が会わせないようにするなどの事態が起こります。

なお、離婚までの間、別居するようであれば、妻の方から「婚姻費用の分担」を求める調停が起こされるのが通常であり、その際は生活費の送金が必要になるでしょう。

離婚は、「話し合い→調停→裁判」と進みますが、思っている以上に費用と労力がかかるので、ある程度譲歩しても早めに解決し、新しい人生を始める方が幸せな人生が送れるのではないか、というのが多数の離婚事件を見てきた率直な感想です。

以上、一般論ではありますが、ご説明申し上げます。

[補足]

離婚を希望する場合の理由で多いのが「性格の不一致」です。性格の不一致による離婚は、夫婦の協議により離婚する場合には問題になりませんが、相手方が離婚に同意しない場合には、容易に離婚することはできません。

夫婦間の協議が成立しない場合には、調停・裁判になりますが、裁判で離婚が認められるのは次の場合です。

第4章　関与先からの相談に関する質疑応答

> 民法第770条
> 　一　配偶者に不貞な行為があったとき。
> 　二　配偶者から悪意で遺棄されたとき。
> 　三　配偶者の生死が三年以上明らかでないとき。
> 　四　配偶者が強度の精神病にかかり、回復の見込みがないとき。
> 　五　その他婚姻を継続しがたい重大な事由があるとき。

　この中に、「性格の不一致」はありませんし、よほどのことがないと、第5号の「その他婚姻を継続しがたい重大な事由があるとき。」にも当たりにくいといえるでしょう。

　離婚の際に慰謝料が支払われることがありますが、慰謝料というのは、精神的苦痛を慰藉するためのものです。離婚の場合には、離婚の原因を作った方が離婚により精神的苦痛を受けた側に支払います。例えば、浮気が原因で離婚する場合には、浮気をした側が支払うことになります。

　性格の不一致の場合には、どちらかが離婚の原因を作って相手方に精神的苦痛を与えたわけではないので、原則としては、慰謝料は発生しない、ということになります。

　離婚慰謝料の相場は、だいたい100〜300万円程度ですが、裁判官の裁量もあるので、上下することもあります。

第5章

税法解釈に関する質疑応答

5-1 過大な役員退職給与と会社法

[質問]

　多額の繰越欠損金のある関与先があります。

　このたび役員が退職することになり、多額の役員退職金を支払う計画があります。

　「役員退職金が過大として否認されても、100%の額が否認されるわけではないので、欠損金の範囲内の否認であれば法人税の追徴がないので、私の言うとおりの金額で処理してほしい」と言われています。

　関与先の社長が言われる論理は、会社法上、法人税法上、問題はないでしょうか。

[回答]

(1) 「会社法上の考え方」

　会社法上は、①役員と株主、②役員と債権者の関係、となります。

① 役員と株主の関係

　会社法上は、株主総会等機関決定をきちんとすれば、いくら役員退職金を支払っても違法ではありません。

　機関決定を漏らして自らの利益を図った場合には、背任罪や損害賠償の問題になり得ます。

② 役員と債権者の関係

　過大な役員退職金を支払うことにより、債権者に対する支払いができなくなった場合には、債権者から役員に対する損害賠償の問題が出てきます。

(2) 「法人税法上の考え方」

　法人税法上は、法人税法第34条第2項で、「内国法人がその役員に対して支給する給与の額のうち不相当に高額な部分の金額として政令で定める金額は、その内国法人の各事業年度の所得の金額の計算上、損金の額に算入しない。」となっており、損金不算入のリスクがあります。

　したがって、税理士としては、役員退職給与に関する法人税法上の取扱いを説明するとともに、損金不算入のリスクを説明することが必要です。

　そして、説明については書面を作成し、署名押印を得ることが望ましいと思います。

［補足］

　過大役員退職金は、法人税法第34条第2項に規定しています。

法人税法第34条第2項
　　内国法人がその役員に対して支給する給与の額のうち不相当に高額な部分の金額として政令で定める金額は、その内国法人の各事業年度の所得の金額の計算上、損金の額に算入しない。

そして、政令の定めについては、法人税法施行令第70条第2項です。

法人税法施行令第70条第2項
　　内国法人が各事業年度においてその退職した役員に対して支給した退職給与の額が、当該役員のその内国法人の業務に従事した期間、その退職の事情、その内国法人と同種の事業を営む法人でその事業規模が類似するものの役員に対する退職給与の支給の状況等に照らし、その退職した役員に対する退職給与として相当であると認められる金額を超える場合におけるその超える部分の金額

「退職した役員に対する退職給与として相当であると認められる金額」に

ついての算出方法としては、多くの裁判例は、「功績倍率法」という方法を採用しています。

　功績倍率法は、役員へ退職給与を支給している同業類似法人のうち、支給される役員と同業類似法人の役員の地位及び役職などが類似するものを抽出し、その同業類似法人の役員へ支給された役員退職給与を最終報酬月額に勤続年数を乗じた金額で除して算出された倍率をもとに算出する方法です。

　計算式は、以下のようになります。

　　功績倍率＝役員退職給与÷（最終報酬月額×勤続年数）

　課税庁が同業類似法人を抽出し、上記計算式により功績倍率を算出した後、当該法人に適用される功績倍率を算出するのですが、この計算方法として、「平均功績倍率法」と「最高功績倍率法」があります。

　平均功績倍率法は、同業類似法人の功績倍率を平均化した倍率を用いる方法で、最高功績倍率法は、同業類似法人の功績倍率のうち、最高値である倍率を用いる方法です。

　「残波事件」など、最高功績倍率法を採用した裁判例もありますが、多くの裁判例は平均功績倍率法を採用しています。

	功績倍率
東京地判平成25年3月22日	2.28
東京地判平成25年3月22日	1.91
東京高判平成25年7月18日	1.18
熊本地判平成25年1月16日	3.18
札幌高判平成15年11月7日	3.0
大分地判平成21年2月26日	3.5
高松地判平成5年6月29日	1.4

過去の裁判例で採用された功績倍率を見ると、かなりの開きがあることがわかります。

　このように、かなりの開きがあること、同業類似法人は課税庁が抽出すること、から納税者が正確に功績倍率を算出することは不可能といえるでしょう。

　したがって、役員退職給与の相談を受けたときには、その額が過大であることを理由に損金算入を否認されるリスクがあることを説明助言し、説明助言した旨の証拠を得ておくことが必要であると考えます。

5-2 過大役員退職給与と所得税

[質問]

過大役員退職金として否認された場合、過大として認定された額は役員賞与などと認定され、個人は退職所得ではなく、給与所得として認定される可能性はありますか。

[回答]

まず、法律上は、株主総会等適法な機関決定を経て支給された役員退職金は、税法で否認されたとしても、退職金の性質が変わるものではなく、退職金のままです。

次に法人税法です。

法人税法第34条第2項
　内国法人がその役員に対して支給する給与の額のうち不相当に高額な部分の金額として政令で定める金額は、その内国法人の各事業年度の所得の金額の計算上、損金の額に算入しない。

この条文は、過大役員給与の損金不算入を定めています。「不相当に高額な部分」を「損金の額に算入しない」としているのであって、「不相当に高額な部分の金額は賞与とする」としているものではありません。

つまり、法律上は退職金のままであって、ただ損金に算入しない、と定めるものです。退職金の性質は変化していません。

次に所得税法です。

所得税法第30条第1項

> 退職所得とは、退職手当、一時恩給その他の退職により一時に受ける給与及びこれらの性質を有する給与に係る所得をいう。

　所得税法には、過大役員退職所得に関する規定はありませんから、「退職により一時に受ける給与」ということであれば、法人税法で否認されても、退職所得のまま、ということになります。
　ただし、役員の分掌変更にともない退職金を支給する場合には、退職金として認められるための要件があり、その要件を満たさないと、「そもそも退職金ではない」という認定になり、賞与認定がされることになります。
　そうすると、個人の方でも、「そもそも退職金ではない」ということになり、賞与として認定されることになると思います。

5-3　鬱病の役員の定期同額給与

[質問]

関与先の会社は4月から翌年3月が事業年度の法人です。この法人の経理担当の常勤役員が6月から鬱病で休んでいました。役員報酬は月50万円ですが、病休中は報酬を支給しないとしています。

この役員が12月に復帰することになりました。会社としては、元の経理担当への復帰は難しいと考え、軽易な作業をしてもらいながら復帰させようと考えています。今後の見通しが全くつかない役員に対する報酬なので、時給的な支給が可能なのか、あるいは他の方法があるのか、アドバイスをいただければと思います。

[回答]

今回は、定期同額給与の臨時改定事由による改定に該当するか、という問題だと思います。

定期同額給与とは、次に掲げる給与をいいます。

① その支給時期が1月以下の一定の期間ごとである給与（以下「定期給与」といいます。）で当該事業年度の各支給時期における支給額が同額であるもの（法人税法34①一）
② 定期給与で、次に掲げる改定がされた場合において、当該事業年度開始の日又は給与改定前の最後の支給時期の翌日から給与改定後の最初の支給時期の前日又は当該事業年度終了の日までの間の各支給時期における支給額が同額であるもの（法人税法施行令69①一）
　ⅰ 当該事業年度開始の日の属する会計期間開始の日から3月を経過する日（以下「3月経過日等」といいます。）まで（継続して毎年所定の時期にされる定期給与の額の改定が3月経過日等後にされることについて特別の事情がある

と認められる場合にあっては、当該改定の時期）にされた定期給与の額の改定（法人税法施行令69①一イ）
ⅱ　当該事業年度において当該内国法人の役員の職制上の地位の変更、その役員の職務の内容の重大な変更その他これらに類するやむを得ない事情（臨時改定事由）によりされたこれらの役員に係る定期給与の額の改定（ⅰに掲げる改定を除きます。）（法人税法施行令69①一ロ）
ⅲ　当該事業年度において当該内国法人の経営の状況が著しく悪化したことその他これに類する理由（業績悪化改定事由）によりされた定期給与の額の改定（その定期給与の額を減額した改定に限り、ⅰ及びⅱに掲げる改定を除きます。）（法人税法施行令69①一ハ）
③　継続的に供与される経済的な利益のうち、その供与される利益の額が毎月おおむね一定であるもの（法人税法施行令69①二）

　今回は、法人の経理担当の常勤役員が6月から鬱病で休んだということなので、定期同額給与を決議した定時株主総会で予定されていた職務の執行が一定期間できないこととなった、ということだと思います。
　そうすると、まず役員としての職務が一定期間できなくなったことは、職務の内容の重大な変更その他これに類するやむを得ない事情があったものと考えられますので、臨時改定事由による改定にあたると考えられ、しかるべき決議により不支給とすることは可能と思われます。
　次に、12月に復帰するにあたり、役員報酬をどうするかということですが、時間給とすることは定期同額給与その他損金として認められる支給に該当しないので、損金算入を期待するのであれば、不適当と考えられます。
　次に支給額についてですが、復帰にあたり従前の経理担当ということであれば、従前の給与に戻すことは無給からの臨時改定事由による改定にあたると考えられます。
　しかし、異なる給与額にするということであれば、その給与額が、従前の50万円と比較して、職務の内容の重大な変更その他やむを得ない事情と

いえるかどうか、が検討されなければならないと考えます。

　後日の税務調査において、そのあたりが調査されるように思われますので、具体的な業務内容や執務時間の多寡、責任の重さなど、経理担当と復帰後の業務との職務の内容の違いを明確にするとともに、医師の業務可否に関する意見書などを参考の上、取締役会決議の添付資料を整備しておくのがよろしいかと思います。

　なお、役員給与の変更のたびに株主総会決議あるいはその会社所定の決議など役員給与の決定手続を経ておくことが必要となりますので、ご留意ください。

5-4 税務調査におけるパソコンの閲覧

[質問]

> 任意の税務調査において、調査官は顧問先所有のパソコンを直接閲覧する権利を有するのでしょうか。またデータを復元する権利を有するのでしょうか。

[回答]

まず、条文を見てみたいと思います。

> 国税通則法第74条の2
> 　国税庁、国税局若しくは税務署又は税関の当該職員……は、所得税、法人税、地方法人税又は消費税に関する調査について必要があるときは、……当該各号に定める者に質問し、その者の事業に関する帳簿書類その他の物件……を検査し、又は当該物件（その写しを含む。）の提示若しくは提出を求めることができる。

したがって、質問検査権で可能なのは、
① 質問
② 事業に関する帳簿書類その他の物件の検査
③ 事業に関する帳簿書類その他の物件の提示
④ 事業に関する帳簿書類その他の物件の提出
の4種類ということになります。

納税者のパソコンを直接操作して閲覧し、又はデータを復元することは、上記4項目に該当しませんので、電磁的記録を提示させる、ということになるかと思います。

第5章　税法解釈に関する質疑応答

　租税職員が税務調査において、パソコンのメールその他の電磁的記録を見たいときの手続としては、「税務調査手続に関するFAQ（一般納税者向け）」に記載してあります。

（問5）
　提示・提出を求められた帳簿書類等の物件が電磁的記録である場合には、どのような方法で提示・提出すればよいのでしょうか。

（回答）
　帳簿書類等の物件が電磁的記録である場合には、提示については、その内容をディスプレイの画面上で調査担当者が確認し得る状態にしてお示しいただくこととなります。一方、提出については、通常は、電磁的記録を調査担当者が確認し得る状態でプリントアウトしたものをお渡しいただくこととなります。また、電磁的記録そのものを提出いただく必要がある場合には、調査担当者が持参した電磁的記録媒体への記録の保存（コピー）をお願いする場合もありますので、ご協力をお願いします。

　以上より、メール等を確認したいときは、調査官に対し、どのメールを見たいのか特定してもらい、それをディスプレイの画面上で見てもらうことになります。勝手に調査官がパソコンを操作してよいわけではありません。もちろん、勝手にデータを復元することもできません。

5-5　税務調査における調査官の高圧的な態度

[質問]

　顧問先に税務調査が入り、調査官が来たのですが、調査官の態度があまりにもひどいとのことです。

　暴言、高圧的な態度がひどく、精神的に追い詰められ恐怖心があるとのことでした。

　そこで、顧問先はそのときの暴言を秘密裏に録音したとのことです。録音を聞いて、あまりにもひどい場合は納税者支援調整官に連絡しようと考えております。

　納税者の希望としては、もう二度と調査官に会いたくないため税務調査の終了を求めております。このような場合、どのように対処するのがよろしいでしょうか。

[回答]

　本件は、国税通則法上の「質問検査権」の行使に対し、どのように対応すべきか、という問題だと思います。

　依頼者の直接の質問検査を回避したい、という要望をどのように叶えるかが問題となります。

　まず、法律を整理しますと、ご承知のとおり、質問検査権の拒否については、国税通則法第128条で罰則があります。1年以下の懲役又は50万円以下の罰金です。

(1)　職員の質問に対して答弁せず

(2)　若しくは偽りの答弁を

(3)　又はこれらの規定による検査、採取、移動の禁止若しくは封かんの

実施を拒み、妨げ、若しくは忌避した者
　さて、ポイントは質問検査権の拒否にならないように対処する、という点になります。ただ、初めから調査を拒否するなど、ひどい調査妨害のような場合でないと、罰則が適用されることはないと思います。
　判例の基準としては、以下となります。
　「所得税法242条8号の罪は、その質問等についての合理的な必要が認められるばかりでなく、その不答弁等を処罰の対象とすることが不合理といえないような特段の事由が認められる場合にのみ成立する」(東京地裁昭和44年6月25日判決所得税法違反事件)
　そこで、以下、検討します。

(1) 拒否

　正当な質問検査権の行使でなければ、これを拒否しても罰則の適用はありませんので、拒否可能です。
　しかし、「質問検査の範囲、程度、時期、場所等実定法上特段の定めのない実施の細目については、右にいう質問検査の必要があり、かつ、これと相手方の私的利益との衡量において社会通念上相当な限度にとどまるかぎり、権限ある税務職員の合理的な選択に委ねられている」(最高裁昭和48年7月10日決定)とされており、税務職員の裁量が認められています。
　今回の調査が高圧的な態度とのことですが、これは「評価」になりますので、具体的な「事実」としては、どのようなことがあったか、が問題となります。
　今回は、録音があるということなので、立証はしやすいかと思います。

(2) 対応

　①　適正な質問検査の行使といえないようであれば、調査拒否する（あ

まり現実的ではありません）
② 帳簿書類や物件の提示・提出など他の方法で代替できないかどうかの交渉をする
③ 質問を拒否しなければよいので、税理士が立ち会い、調査官からの質問があったときは、すぐ答えなくてよいと言い含めておき、税理士が改めて本人に質問を優しく言い換えて、それに答えてもらう、というような現場対応をする（質問に答えている以上、拒否になりません）
④ 統括官あるいは税務署長宛に、録音を反訳した書類などとともに、書面にて苦情を申し入れ、担当職員の変更等を申し入れる
⑤ 納税者支援調整官に、録音を反訳した書類などとともに、書面にて苦情を申し入れ、担当職員の変更等を申し入れる

等の方法が考えられると思います。

「納税者支援調査官を設置している国税局・税務署のご案内」
https://www.nta.go.jp/about/introduction/shokai/kiko/nozeishashien/index.htm

苦情の申入れ方法としては、税務調査で許される限界を超えている、という主張が必要となります。
その場合には、法的三段論法が有用です。
法的三段論法とは、(ⅰ)法解釈、(ⅱ)事実認定、(ⅲ)あてはめ、です。

(ⅰ) 法解釈
　法解釈の部分では、中野民商事件を大前提として記述します。
　「質問検査権の行使が、いやしくも納税者の営業活動を停滞させ、得意先や銀行等の信用を失墜せしめ、その他私生活の平穏を著しく害する

第5章　税法解釈に関する質疑応答

ような態様においてなされたとすれば、それは、もはや、任意調査としての限界を超えるものであるといわなければならない。」（東京地裁昭和43年1月31日判決）

次に、税務署員が遵守すべき通達を記述します。

「調査手続の実施に当たっての基本的な考え方等について（事務運営指針）」

　調査がその公益的必要性と納税者の私的利益との衡量において社会通念上相当と認められる範囲内で、納税者の理解と協力を得て行うものであることを十分に理解した上で、法令に定められた調査手続を遵守し、適正かつ公平な課税の実現を図るよう努める。

(ⅱ)　事実

ここで、上記を逸脱する事実を適示します。

「調査官は……等の暴言を吐き……」などです。

(ⅲ)　あてはめ

「上記調査官の行為は、判例及び通達で明確に禁止している納税者の営業活動を停滞させ、かつ、私生活の平穏を著しく害するとともに、納税者の理解と協力を得る努力を全くしないままに行われたものであり、明らかに違法な質問検査権の行使である」

などと締めた上で、調査官の変更などを申入れすることになるかと思います。

常軌を逸した質問検査が行われているようであれば、質問検査状況を録音あるいは詳細にメモをした上、後日、国家賠償請求などを検討することになると思います。

5-6　税務調査過程の録音

[質　問]

　先日、関与先に税務調査が入ったのですが、調査官の態度が威圧的だったので、調査過程を録音しようとしました。
　ところが調査官が、当職が録音しようとしたことに気づき、録音を止めるよう求めてきました。私としては、税務調査過程の透明性を高めるため録音を認めるべきだ、と主張しましたが、調査官は「調査を打ち切る」と通告してきました。
　税務調査の録音は認められないのでしょうか。

[回　答]

　税務調査の際、録音しようとして調査官から制止されても録音に固執した場合、調査非協力として青色申告承認の取消処分をされることがあります。この場合、録音が認められるかどうかについて検討します。
　税務調査の方法については、「質問検査の範囲、程度、時期、場所等実定法上特段の定めのない実施の細目については、右にいう質問検査の必要があり、かつ、これと相手方の私的利益との衡量において社会通念上相当な限度にとどまるかぎり、権限ある税務職員の合理的な選択に委ねられている」（最高裁昭和48年7月10日決定）とされており、一般的にはこれから行う税務調査に関し、録音や録画を禁止するよう求めることができる、と解されているようです。
　過去の裁判例で録音の停止要求が適法と判断されたものに、福岡地裁平成26年11月4日判決があります。
　この事例は、調査官が録音を停止するよう何度も求めたにもかかわらず

第 5 章　税法解釈に関する質疑応答

税理士が録音に固執したため、調査担当者らの質問検査権に基づく帳簿書類の提示の要請を正当な理由なく拒否したものとして、青色申告承認の取消処分がなされたものです。
　この事案において、裁判所は、
「調査担当者らを含む税務職員は、税務調査において知り得た秘密について守秘義務を負い、その範囲は調査対象者の営業上の秘密のみならず、その取引先等の第三者の営業上の秘密に対しても及んでいる。本件調査の際に、レコーダーによる会話の録音を認めてしまえば、このような秘密や当該税務調査の内容が記録され、別の機会に流布される可能性があるから、本件調査担当者らが録音を拒んでその停止を求めたことには合理性がある。このことは、たとえレコーダーの管理者が守秘義務を負う税理士であって、その場に他の者が同席していなかった場合であっても、当該税理士の管理下から過失によりデータが流出する可能性がある以上、妥当するというべきである。」
としています。
　したがって、質問検査に先立って録音を制止された際に録音に固執すると、調査担当者らの質問検査権に基づく帳簿書類の提示の要請を正当な理由なく拒否したものとして、青色申告承認の取消処分をされることがある、ということになります。
　これに対し、税務調査において納税者が録音や写真撮影したなどの事案において、それらの行為が許されるとした京都地裁平成12年2月25日判決（北村事件）で納税者が勝訴した事例があります。
　この事例では、国税調査官らに調査にあたり違法な行為があったことを理由として、
「調査に際して、第三者の立ち会いを求めたり、写真撮影等をしたことについても、同様の理由から、再度違法な調査がなされないようするため、

第三者の立ち会いを要求し、調査の様子を撮影・録音することにやむを得ない面があると考えられるから、原告が前記のとおり調査に非協力的な対応をしたことを原告の責にのみ帰せしめることはできない。」
としています。

その上で、「課税庁は、本件処分をなすまでの全調査過程を通じて、帳簿書類の備え付け状況等を確認するために社会通念上当然要求される程度の努力を尽くしたものと認めることはできない。」としました。

5-7 調査官の質問検査権と弁護士の守秘義務

[質 問]

　顧問先の弁護士事務所が税務調査を受けました。調査官が、着手金と報酬金の対応関係を重点的に調べており、弁護士と依頼者との契約書を提示するよう求められました。弁護士は、守秘義務があるから提示できない、と拒否しています。
　調査官は、「税務職員にも守秘義務があるから、見せてほしい」と言っています。
　提示しないといけないように思いますが、どちらが正しいのでしょうか。

[回 答]

　「質問検査権」には不答弁に対する刑罰が定められており、間接的な強制力があります。
　しかし、その質問の範囲は無制限ではありません。
　最高裁は、
「質問検査の範囲、程度、時期、場所等実定法上特段の定めのない実施の細目については、右にいう質問検査の必要があり、かつ、これと相手方の私的利益との衡量において社会通念上相当な限度にとどまるかぎり、権限ある税務職員の合理的な選択に委ねられている」(最高裁昭和48年7月10日決定、租税判例百選第6版111)
としており、税務職員の合理的な選択に委ねられてはいるものの、質問検査には客観的な必要性が要求されます。
　この質問検査に対する答弁義務や受忍義務が、質問検査の相手方の守秘

義務と衝突する場面があります。弁護士法第23条は、「弁護士又は弁護士であった者は、その職務上知り得た秘密を保持する権利を有し、義務を負う。」と規定しており、弁護士は、相談者や依頼者の秘密を守る義務があります。

質問検査権と弁護士の守秘義務について争われた事例として、大阪高裁平成13年12月19日判決があります。

裁判所は、

「弁護士が税務調査に対して、上記のような協力義務を負うとした場合、その過程で守秘義務に含まれる事項が税務署職員に知れる可能性はあるが、そもそも守秘義務を負う弁護士に対しても所得税法234条に基づく質問調査権の行使が容認されているのであるから、守秘義務に含まれる事項が税務署職員の知るところとなることは法によって当然予定されているものとみるほかなく、本件を含め一般に税務調査の対象となる帳簿書類は、依頼者からの金員支払いの事実等経済的な取引の側面に関するものに限られ、これらの事項にも守秘義務が及ぶとしても、その保護の必要性はその限度で制約を受け、さらに、税務署職員も調査の過程で知り得た事項については守秘義務を負い、その義務に違反した場合には、所得税法によって国家公務員法上のそれよりも重い罰則が課せられるのである（所得税法243条等、なお国家公務員法109条12号）。よって、弁護士に対して上記程度の義務を課したとしても、その業務に過大な制約を加えるものであるとはいえない。」

としています。

したがって、税務調査に不必要な依頼者のプライバシーに立ち入るような場合は調査の客観的必要性がない、と判断されるでしょうが、契約書の調査については着手金や報酬金の約束など調査の必要性が認められるため、質問検査に応じた方がよろしいかと思います。

5-8 代表者死亡による取締役不在の税務申告

[質問]

株式会社の代表者が突然亡くなり、取締役がいない状態ですが、法人の申告期限が迫っています。

株主は故代表者で、その相続人は数人ですが海外在住で事実上連絡がとれない状態です。したがって、臨時の株主総会の開催も困難な状態です。

現在、役員ではないものの、代表者から後継とされていた方が会社を運営していますが、その方から税務申告を依頼されています。

(1) 代表者不在の状態で税務申告する方法
(2) 代表者の選任を申し立てる場合の実務

について簡単に教えていただけますでしょうか。

[回答]

平成30年4月1日以後に終了する事業年度から、法人税法における代表者の署名押印規定が廃止されています。

しかし、税理士法第33条第1項は、

「税理士又は税理士法人が税務代理をする場合において、租税に関する申告書等を作成して税務官公署に提出するときは、当該税務代理に係る税理士は、当該申告書等に署名押印しなければならない。この場合において、当該申告書等が租税の課税標準等に関する申告書又は租税に関する法令の規定による還付金の還付の請求に関する書類であるときは、当該申告書等には、併せて本人(その者が法人又は法人でない社団若しくは財団で代表者若しくは管理人の定めがあるものであるときは、その代表

者又は管理人）が署名押印しなければならない」

とされており、税理士法上は、代表者の署名押印が必要とされています。

代表者の署名押印がない場合の確定申告書の効力については、同条第4項で「第1項又は第2項の規定による署名押印の有無は、当該書類の効力に影響を及ぼすものと解してはならない」と規定されており、申告書が無効になるものではない、と解されます。

かといって、申告書の作成名義人の記載がないのは書類として不備がありますので、電子申告をしない場合には、業務を運営されている方の署名押印を得て、税務書類の作成・提出をするのがよろしいかと思います。

次に、株主総会が開催できない点が法人税申告の効力に影響があるかどうかですが、福岡地裁平成19年1月16日判決は、

「決算がなされていない状態で概算に基づき確定申告がなされた場合は無効にならざるを得ないが、会社が、年度末において、総勘定元帳の各勘定の閉鎖後の残高を基に決算を行って決算書類を作成し、これに基づいて確定申告した場合は、当該決算書類につき株主総会又は社員総会の承認が得られていなくても、確定申告は無効とはならず、有効と解すべきである。」

としていますので、決算をした上で決算書類を作成し、確定申告をすればよろしいかと思います。

ただし、それで足りるとは考えません。税理士の対応としては、次のようになると思います。

【対会社】
- 決算を行って確定申告をする
- 業務運営者に対し、あくまで暫定的な処理であり、後日、正式に株主総会を開催して決算承認及び確定申告の提出について追認を受けることを助言する

第5章　税法解釈に関する質疑応答

【対相続人】
・株主総会が間に合わないと考えたので、○○氏を暫定的に業務主催者と認定し、税務書類の作成及び提出を行ったこと
・早急に株主総会を開催し、取締役を選任しないと業務に支障が生じること
・その他、相続に関する各種助言を助言する

【代表者を決める場合】
　法的に正しく行うには、裁判所に仮役員の選任の申立てをします（会社法第346条）。
　その上で、仮役員が株主総会を招集し、株主総会決議をします。
　その前に相続人間で、
・株主としての権利を行使する者を選任してもらう
・遺産分割協議を成立させておく
ことが必要です。それができないうちには正式に代表者を選任することはできません。
　しかし、仮役員の選任は面倒なので、相続人間で株式の遺産分割だけ先行してやっていただき、株主総会を開催するのがよろしいかと存じます。

5-9 借地権の目的となっている土地を当該借地権者以外の者が取得し地代の授受が行われないこととなった場合

[質問]

　「使用貸借に係る土地についての相続税及び贈与税の取扱いについて」の5によれば、借地権者A、底地譲渡者B、底地取得者Cとすると、表題の場合、

　原則：AからCに対し借地権の贈与
　特例：「借地権者の地位に変更がない旨の申出書」の提出があった場合、AからCへの借地権の贈与税は生じない

とされています。

　この場合の考え方として、ある専門家から「借地権者の地位に変更がない旨の申出書」に記載されている内容によれば、無償で土地を使用していることになり、無償であれば使用貸借となる。賃貸借契約は有償であり、無償の賃貸借契約はあり得ない。Cは借地権部分を含めた土地の全ての権利を有し、本申出書の提出によって課税を繰り延べているだけである」と言われました。

　しかし、このように考えてしまうと、土地の権利関係について私法上の解釈と税法上の解釈に矛盾が生じることになってしまいます。

　そこで質問です。

　(1)　「借地権者の地位に変更がない旨の申出書」が提出された場合の私法上・税務上の権利関係は、どのようになるのか。

　(2)　Cが底地を取得後、その土地についてDに譲渡等をした場合、土地の全ての権利の譲渡等となるのか。又は、底地の譲渡となり、借地権については、「借地権者の地位に変更がない旨の申出書」の

(3) Dは、自分が土地の全てを取得したのか、底地を取得したのか判断がつかないことになると思うが、これを判断する方法はあるのか。

[回 答]

　昭和48年11月1日付「使用貸借に係る土地についての相続税及び贈与税の取扱いについて」5（以下、質問に合わせて「通達5」といいます）は、次のように規定します。

> 「使用貸借に係る土地についての相続税及び贈与税の取扱いについて」5
> 　借地権の目的となっている土地を当該借地権者以外の者が取得し、その土地の取得者と当該借地権者との間に当該土地の使用の対価としての地代の授受が行われないこととなった場合においては、その土地の取得者は、当該借地権者から当該土地に係る借地権の贈与を受けたものとして取り扱う。ただし、当該土地の使用の対価としての地代の授受が行われないこととなった理由が使用貸借に基づくものでないとしてその土地の取得者からその者の住所地の所轄税務署長に対し、当該借地権者との連署による「当該借地権者は従前の土地の所有者との間の土地の賃貸借契約に基づく借地権者としての地位を放棄していない」旨の申出書が提出されたときは、この限りではない。

　通達5の例外的取扱いについてですが、通達5によると、「当該土地の使用の対価としての地代の授受が行われないこととなった理由が使用貸借に基づくものでないとして」、「借地権者の地位に変更がない旨の申出書」を提出することが要件となっています。
　つまり、借地権者Aと底地取得者Cとの間では、賃貸借契約を使用貸借契約に変更（更改）したわけではない（借地権が存続している）、という合意のもとに申出書を提出することが前提となっています。

5-9 借地権の目的となっている土地を当該借地権者以外の者が取得し地代の授受が行われないこととなった場合

　そして、この場合、地代相当額は、相続税法第9条のみなし贈与に該当することになると思います（大阪地裁昭和43年11月25日判決）。

　この場合の私法上の法律関係ですが、賃貸借契約が継続しているか、使用貸借契約に変更されたか、については税務上の扱いとは別途判断されることなると思われます。

[対　策]

　回答された専門家は、「地代の授受がないこと＝使用貸借契約」と「法的評価」されたのだと思いますが、実際には、「地代を授受していないだけであり、未払い賃料が滞納されていて、借地契約は存続している」と評価される事案かもしれません。

　それは、個別具体的な事情による法的評価になると思います。

　税務行政の便宜等のために、通達において、私法上の法律効果とは別に納税者に有利に取り扱う通達を定める例は、まま見られるところであり、私法上の法律効果と税務上の取扱いを完全に一致させて理解する必要はないと考えます。

　以上の理解からすれば、本件では課税が繰り延べられているわけではなく、税務上は借地権が存続していると税務行政上「取り扱われている」ことになるので、Cが底地を取得後、その土地をDに譲渡した場合には、AとDとの間で地代が発生するのかどうか、あるいはA、C、Dが親族等であり、引き続き「借地権者の地位に変更がない旨の申出書」を提出して地代不発生にするのか、等で判断することになるかと思います。

　そして、ここが難しいところですが、あくまで上記は税務行政上の「取扱い」であり、法律上は別の判断となりますので、Dが第三者であり、底地を買い受ける際には、税務判断と異なる司法判断がされるおそれがあるので、底地購入時に借地権の有無に関する確認書面等をA及びCから取得するよう注意する必要があります。

5-10　非上場株式の個人間での交換

[質 問]

　親族関係にない個人間で、非上場株式の株を交換して持ち合うことになりました。
　対価の授受がないので、甲がA会社株式を乙に贈与し、乙が甲にB会社株式を贈与したと考えるべきなのかどうか、について教えてください。
　この交換取引は合理的なものであっても、A株式とB株式の価値が不等価であれば交換は成立しないでしょうか。

[回 答]

　参考になる判例として、東京高裁平成11年6月21日判決（判例時報1685号33頁）があります。
　この事例は、同一当事者同士で近接した時期に不動産の売却と購入の2つの売買契約を締結したのに対し、課税庁が2つの契約を不可分一体として交換契約と認定しました。
　そして、この事例では、交換よりも2つの売買の方が譲渡所得税の軽減になるという考えのもと、2つの売買契約という法形式を選択したものです。
　裁判所は、
　「租税法律主義の下においては、法律の根拠なしに、当事者の選択した法形式を通常用いられる法形式に引き直し、それに対応する課税要件が充足されたものとして取り扱う権限が課税庁に認められているわけではない」

として、納税者勝訴の判決をしました。

したがって、本件で、当事者同士が交換契約を締結した場合には、それが交換という法形式を借りた仮装行為でない限り（合理的なストーリーがある限り）交換契約として取り扱われるものと考えます。

[対 策]

なお、当事者が交換契約を締結したと認定されるためには、契約書を締結することをおすすめします。そうなると、交換も資産の譲渡なので、交換株式の価値を対価として、お互いに譲渡所得税の計算を行うことになるかと思います。

ただし、それぞれの株価を算定し、相続税法第7条のみなし贈与の対象にならないかどうかもあわせて検討する必要があると思います。

> 相続税法第7条
> 　著しく低い価額の対価で財産の譲渡を受けた場合においては、当該財産の譲渡があった時において、当該財産の譲渡を受けた者が、当該対価と当該譲渡があった時における当該財産の時価（当該財産の評価について第三章に特別の定めがある場合には、その規定により評価した価額）との差額に相当する金額を当該財産を譲渡した者から贈与（当該財産の譲渡が遺言によりなされた場合には、遺贈）により取得したものとみなす。

5-11　相続時精算課税と相続放棄

[質問]

> 　関与先の元社長（現在は長男が社長）が、親戚が経営する会社Ａ社の金融機関からの債務の連帯保証人になっています。
> 　Ａ社は、今のところ特に債務超過でもないのですが、もし何かあって債務超過になってしまい、金融機関から保証債務を請求されたら、長男に関与先の株など資産を相続できなくなってしまうのではないか、と心配しています。
> 　そこで、今のうちに相続時精算課税を使って、全ての財産を生前贈与して名義を変えておきたいと相談されました。
> 　これを実行しておけば、確かに相続時点では相続財産はないので、相続を放棄することにより、息子は連帯保証人の継承はないことになりますか。相続放棄は、相続時精算課税とは法的にどのような関係になりますか。

[回答]

　相続時精算課税制度は、贈与税の暦年課税制度に代えて、納税者の選択により、

・贈与時には一定の贈与税額を納付
・その後、その贈与をした者の相続時には、本制度を利用した受贈財産の価額と相続又は遺贈により取得した財産の価額の合計額を課税価格として計算した相続税額から、既に納付した本制度に係る贈与税額を控除した金額を納付する（贈与税額が相続税額を上回る場合は還付）

制度ということになります。

高齢者の資産をスムーズに次の世代に渡すために課税だけを繰り延べる制度です。

したがって、贈与時において、法律上贈与の効果が生じるため、生前の贈与時点で財産の所有権が親から子に「確定的に」移転します。そして、その後は一部の課税だけが繰り延べられていることになります。

そのまま親が死亡した場合、死亡時には贈与財産は存在しませんので、相続財産にはなりません。したがって、相続放棄をしても生前贈与の効力には影響はありません。

実行される際には、遺留分対策としての経営承継円滑化法の「除外合意」や「固定合意」なども検討されるようおすすめします。

[補 足]

中小企業の経営の円滑な承継に資するため、2008（平成20）年に、「中小企業における経営の承継の円滑化に関する法律」（以下、「経営承継円滑化法」といいます）が成立しました。

経営承継円滑化法は、
(1) 民法における遺留分の特例
(2) 事業承継時における金融支援措置
(3) 相続税の課税についての措置

の3つの内容から構成されています。

経営承継円滑化法には遺留分に関する制度として、「除外合意」と「固定合意」の手続が定められています。ともに、先代経営者が生存中に、経済産業大臣の確認を受けた後継者が、遺留分を有する推定相続人全員の合意と家庭裁判所の許可を条件に行います。

① 除外合意
　後継者が先代経営者から贈与等により取得した株式等の全部又は一部を遺留分算定の基礎財産から除外すること。
② 固定合意
　後継者が先代経営者から贈与等により取得した株式等の全部又は一部を遺留分算定の基礎財産に算入する際に、合意の時点で評価額とすること。
③ 除外合意に加えて、後継者が先代経営者から贈与等により取得したそれ以外の財産や遺留分を有する他の共同相続人が先代経営者から贈与等により取得した財産についても遺留分算定の基礎財産から除外すること。

除外合意も固定合意も、ともに後継者を含めた推定相続人全員で書面により合意する必要があります（経営承継円滑化法第7条第2項第1号）。

また、固定合意については、固定する価額を弁護士、弁護士法人、公認会計士、監査法人、税理士又は税理士法人が、その時における相当な価額と証明したものでなければなりません（経営承継円滑化法第4条第1項第2号）。

5-12 定年退職した者との業務委託契約での注意点

[質 問]

　関与先の相談です。相談会社は工作機械の輸入販売の法人です。

　このたび、関係会社を定年退職した者を個人事業主の立場で、業務委託契約で仕事してもらうことになったと相談を受けました。

　業務委託契約の内容は、依頼者の商品の販売業務とされており、契約期間1年間、月額支払額は毎月一定金額の定めがあり、費用は実費を支払うとされています。

　内容を読むと、雇用契約書の内容でしたので、個人事業者であるなら経費負担は本人がし、請求書を発行するよう助言しましたが、その後訂正してきた契約書も大きく違っていません。

　今後できることは、契約書の内容を少し訂正する程度かとは思いますが、他にどのような点に注意したらよろしいでしょうか。アドバイスをよろしくお願いいたします。

[回 答]

　おそらく契約書の内容が、「消費税基本通達1-1-1」における4要件に照らし、給与認定されるだろう、というご判断だと思います。

「個人事業者と給与所得者の区分」
https://www.nta.go.jp/law/tsutatsu/kihon/shohi/01/01.htm

【4要件】
(1)　その契約に係る役務の提供の内容が他人の代替を容れるかどうか

(2) 役務の提供に当たり事業者の指揮監督を受けるかどうか
(3) まだ引渡しを了しない完成品が不可抗力のため滅失した場合等においても、当該個人が権利として既に提供した役務に係る報酬の請求をなすことができるかどうか
(4) 役務の提供に係る材料又は用具等を供与されているかどうか

[対 策]

まず税理士としては、
・適正な処理への是正助言
・将来予想される不利益の説明
をしなければなりませんので、外注費であれば上記4要件を満たすような契約及び実態にすることを助言するとともに、将来の不利益を説明して、説明した証拠を残しておくことになります。

上記4要件を満たすような契約条項を入れるとすると、仮に定年退職者を乙とすると、
① 乙が業務に支障がある場合には、代替人員を提供すること
② 乙の責任において、本件業務を遂行すること
③ 業務遂行上必要な経費は乙の負担とすること
などを取り決めることが考えられます。

また、タイムカードなどで時間管理をしていると雇用ではないか、と指摘を受けやすいので、時間管理をしないなどの方法も考えられます。

次に、不利益についてですが、前橋地裁平成14年12月6日判決（TAINS Z999-0062）は、税理士が所得税確定申告にあたって、依頼人に対し、申告書作成に必要な原始資料の提出を求めたが、これを拒否し、依頼人の指示する不適法な方法で確定申告をするよう要請され、その旨申告したが、その際、重加算税などの説明をしなかったため、納税を余儀なくされたと

して損害賠償請求をされ、それが認められたというものです。
　将来、重加算税などの不利益が予想されるのに、その不利益を説明しなかったことに責任が認められたものです。
　したがって、本件でも、
・外注費にかかる消費税の仕入税額控除の否認
・源泉所得税の徴収
・過少申告加算税、不納付加算税、延滞税等の不利益の発生
などが想定されますので、その点を説明し、その説明を証拠として残しておくのがよろしいかと思います。
　税務以外では、社会保険事務所からの指摘の他、法律上「労働契約」と解釈される可能性が高いと思います。そうすると、残業代の問題や有給休暇、解雇規制など、労働基準法の適用を受けることになります。
　これらが問題となるのは、労働者と紛争になった場合に、労働者の側から主張されるときです。税理士としては、専門外であり、必須の説明義務ではありませんが、これらについても説明しておいた方がよろしいかと思います。

[補足]

　個人所得税において、事業所得か給与所得か判断に迷う場面があると思います。
　この点について、弁護士の顧問料が事業所得か給与所得かが争われた事案において、最高裁昭和56年4月24日判決は、
　「およそ業務の遂行ないし労務の提供から生ずる所得が所得税法上の事業所得（同法27条1項、同法施行令63条12号）と給与所得（同法28条1項）のいずれに該当するかを判断するにあたっては、租税負担の公平を図るため、所得を事業所得、給与所得等に分類し、その種類に応じた課税を

定めている所得税法の趣旨、目的に照らし、当該業務ないし労務及び所得の態様等を考察しなければならない。したがって、弁護士の顧問料についても、これを一般的抽象的に事業所得又は給与所得のいずれかに分類すべきものではなく、その顧問業務の具体的態様に応じて、その法的性格を判断しなければならないが、その場合、判断の一応の基準として、両者を次のように区別するのが相当である。すなわち、事業所得とは、自己の計算と危険において独立して営まれ、営利性、有償性を有し、かつ反覆継続して遂行する意思と社会的地位とが客観的に認められる業務から生ずる所得をいい、これに対し、給与所得とは雇用契約又はこれに類する原因に基づき使用者の指揮命令に服して提供した労務の対価として使用者から受ける給付をいう。なお、給与所得については、とりわけ、給与支給者との関係において何らかの空間的、時間的な拘束を受け、継続的ないし断続的に労務又は役務の提供があり、その対価として支給されるものであるかどうかが重視されなければならない。」
として、弁護士の顧問料は事業所得であると判断しました。

　他にも、オーケストラのバイオリニストはスケジュールにしたがって指揮拘束を受けることなどを理由に給与所得と判断されています（最高裁昭和53年8月29日判決）。

　また、九州電力の検針員は、委託手数料は純粋な出来高制で、バイクの購入費と維持費が個人負担であることなどを理由に事業所得と判断されています（福岡地裁昭和62年7月21日判決）。

5-13 法人の取引先から従業員への報酬支払いの是非

[質問]

　会社甲は精密機器の卸売業をしています。甲の仕入先の法人乙が、製品拡販のために一定の製品を販売したら甲の従業員に報酬を支払いたいと言ってきています。

　甲の仕入割戻しなら納得できますが、たとえ乙から甲の従業員に報酬が支払われることを社長が承知していても疑義を感じています。どのような問題点があるでしょうか。

[回答]

　本件報酬は、甲の益金に算入すべきものと判断される可能性がありますので、慎重に検討すべきものと思われます。

　法人税法第11条は、

「資産又は事業から生ずる収益の法律上帰属するとみられる者が単なる名義人であって、その収益を享受せず、その者以外の法人がその収益を享受する場合には、その収益は、これを享受する法人に帰属するものとして、この法律の規定を適用する。」

と規定しています。

　そして、本件報酬は、甲の事業に関連して乙から支払われるものであり、本来であれば甲が受領し、甲の従業員に対して歩合給などとして支払われる性質のものです。

　つまり、その実質は仕入割戻しと同性質のものであると判断される可能性があります。

　仙台地方裁判所平成24年2月29日判決は、旅館の副支配人が取引先から

受領したリベートに関し、法人の益金に算入しないと判断しましたが、この事例では副支配人には、

(1) 本件食材の発注権限を与えていたとは認められない
(2) 法人が副支配人に対し、リベートについて法的な受領権限を与えられていたとも認められない

という理由です。

本件では、従業員が権限に基づき販売した商品に関して報酬が支払われ、法人代表者がそれを認めているので、この判例の射程ではありません。

以上より、仕入割戻しと認定された場合には、「甲に計上すべき売上を従業員の預金通帳に振り込ませることにより、隠ぺいまたは仮装した」として、重加算税の対象ともなりかねないと考えますので、事実認定は慎重にされることをおすすめします。

本件と同じ事案ではありませんが、法人の事業譲渡にあたり、譲渡先から譲渡法人の役員等に対し個人の営業的価値の対価として支払われた金員が、譲渡法人に支払われ、譲渡法人から役員等に支給された賞与である、と認定された事例もあります（東京地裁平成20年11月27日判決）。

5-14 債権回収と貸倒れ

[質問]

　法人甲が、法人乙に対して貸付をしましたが回収ができません。

　乙は、平成24年12月まで少しずつ返済をしましたが、その後、返済が止まっています。

　平成29年3月に改めて金利を下げるという妥協案で債務弁済契約書を取り交わすことになりました。しかし、その後翻意し、新しい債務弁済契約書に印を押しませんでした。

　結局、条文を微修正して契約書を再び締結しようとしましたが、今度は電話も取らない状況になり、連絡がとれない状況になっています。

　乙に財産状態を教えてほしいと決算書等の資料開示を求めても、これもまたできないと一点張りであります。

　このような状況なので、甲としては貸倒処理することも税務上リスクがあり、かといって金利引下げの交渉もできず、このまま3％の金利で、今後も会社は未収利息を計上することになれば、払う必要のない法人税を負担することになり、会社経営に大きな痛手となっています。

　このような場合、債務者に対して効果のある法的手段にはどのようなものがあるでしょうか。

[回答]

　債権者法人及び債務者法人がともに株式会社であること、及び、検討されているのが法人税法基本通達9-6-2であることを前提として回答します。

第5章 税法解釈に関する質疑応答

> 法人税法基本通達9-6-2
> 　法人の有する金銭債権につき、その債務者の資産状況、支払能力等からみてその全額が回収できないことが明らかになった場合には、その明らかになった事業年度において貸倒れとして損金経理をすることができる。

[対　策]

　現時点では、乙の資産状態が不明なため、「全額が回収できない」という要件該当性にリスクがある、ということだと推測します。

　ところで、株式会社が行う金銭消費貸借契約については、商行為であると推定され（最判平成22年２月22日）、特別な事情がなければ消滅時効は５年となります。

　この間、消滅時効の中断がなされていなければ、消滅時効が完成し、債権は消滅しています。

　時効の中断事由としては、次があります。

(1)　内容証明郵便などによる催告

　　ただし、６カ月以内に別途中断事由をとる必要があります。

(2)　裁判上の請求

　　訴訟、支払督促などの申立てによって中断します。

(3)　差押え・仮差押え・仮処分

(4)　債務の承認

　今回、消滅時効を中断する事由としては、本人達が認めているので「債務承認」がありますが、書面がないため立証できず、両債権は時効により消滅している可能性があります。ただし、消滅時効は当事者が時効を援用しなければ効力を生じません。

　取り得る方法として、以下の方法が考えられます。

　1　利息や返済時期は不要なので、とにかく貸金債務を承認することだ

けは書面（債務承認書）で認めてもらう（決算の関係で必要といえばよいかと思います）。
2　書面が取れても取れなくても貸金返還請求訴訟を提起する。
（2の訴訟を起こした上で）
3-(1)　和解による回収を目指す。
3-(2)　乙が消滅時効を援用した場合で、債務承認を主張したが認められなかった場合、貸倒処理をする。
3-(3)　勝訴判決を得た場合
・強制執行手続を行い、回収努力をする。
・回収できない場合「財産開示の申立て」を行い、乙の財産を開示するよう求める。
・財産があれば強制執行するが、債務超過ないし不出頭と思われるので、その時点で法人税法基本通達9-6-2にしたがって貸倒処理する。

　金銭債権の全額が回収不能といえるかどうかに関する判断基準としては、興銀事件の最高裁平成16年12月24日判決は、
「債権回収に必要な労力、債権額と取立費用との比較衡量、債権回収を強行することによって生ずる他の債権者とのあつれきなどによる経営的損失等といった債権者側の事情、経済的環境等も踏まえ、社会通念にしたがって総合的に判断される」
としています。
　したがって、弁護士に債権回収を依頼して訴訟をし、判決に基づき、考えられる限りの強制執行をし、財産開示の申立てを行い、その他資産調査や債務者事務所の現地調査等を行った上で、弁護士より債権全額の回収見込みがない旨の意見書をもらった上で、貸倒損失処理をするのがよろしいかと思います。

5-15 個別和解型の特別清算

[質問]

　子会社の事業継続が困難にあることから、子会社に対する貸付金について税務的に損金参入を可能にするために特別精算の個別和解型を検討しています。
　しかし、個別和解型における債権放棄の損金処理を否認した判例が存在しているため、下記について教えていただけますでしょうか。
(1)　個別和解型での債権放棄による損失処理は難しいと考えるべきなのでしょうか。協定型なら大丈夫でしょうか。事業譲渡を伴わない場合だと、従来実務に従い個別和解型によることも可能でしょうか。
(2)　個別和解型と協定型では、終了するまでの期間と費用（弁護士報酬を含む）は目安としてどのような違いがありますか。債権者は親会社1社のみと仮定します。

[回答]

　東京高裁平成29年7月26日判決は、個別和解型の特別清算手続において、子会社に対する債権を放棄して貸倒損失として処理した事案で損金算入を認めませんでした。同判決は、個別和解で貸倒損失を認めなかった理由として、

①　法人税法基本通達9-6-1(2)が定める「特別清算に係る協定の認可の決定を経た場合」に文言上該当しないこと
②　債権の消滅に係る協定及び計画の内容の合理性が法令の規制及びこれに係る裁判所の審査と決定によって客観的に担保されているのに対

し、個別和解に基づく債権放棄の場合は、このような法令の規制及びこれに係る裁判所の審査と決定を欠いており、合意内容の合理性が客観的に担保される状況の下での合意がされたとはいえないことを挙げています。

法人税法基本通達9-6-1
　法人の有する金銭債権について次に掲げる事実が発生した場合には、その金銭債権の額のうち次に掲げる金額は、その事実の発生した日の属する事業年度において貸倒れとして損金の額に算入する。(昭55年直法2-15「十五」、平10年課法2-7「十三」、平11年課法2-9「十四」、平12年課法2-19「十四」、平16年課法2-14「十一」、平17年課法2-14「十二」、平19年課法2-3「二十五」、平22年課2-1「二十一」により改正)
(1) 更生計画認可の決定又は再生計画認可の決定があった場合において、これらの決定により切り捨てられることとなった部分の金額
(2) 特別清算に係る協定の認可の決定があった場合において、この決定により切り捨てられることとなった部分の金額
(3) 法令の規定による整理手続によらない関係者の協議決定で次に掲げるものにより切り捨てられることとなった部分の金額
　イ　債権者集会の協議決定で合理的な基準により債務者の負債整理を定めているもの
　ロ　行政機関又は金融機関その他の第三者のあっせんによる当事者間の協議により締結された契約でその内容がイに準ずるもの
(4) 債務者の債務超過の状態が相当期間継続し、その金銭債権の弁済を受けることができないと認められる場合において、その債務者に対し書面により明らかにされた債務免除額

　9-6-1の(1)～(3)が、裁判所あるいは裁判所の判断に準じる計画の合理性が担保されていることを考えると、今後の裁判例でも「個別和解型」は、9-6-1(2)に該当しないこととする同様の判断がなされるものと予想します。
　ところで、そもそも私としては、特別清算については次のように理解し

ています。

　「協定型」9-6-1(2)
　「和解型」9-6-1(4)
　同時に9-4-1の要件該当性を検討する。
　「和解型」は、特別清算手続の中で、債権者と債務者が和解をして、残債務を免除することによって債務超過が解消され、特別清算が終了するものと理解しています。
　したがって、「和解型」であれば債務免除となりますので、9-6-1(2)の適用ではなく、9-6-1(4)「債務者の債務超過の状態が相当期間継続し、その金銭債権の弁済を受けることができないと認められる場合において、その債務者に対し書面により明らかにされた債務免除額」に該当するかどうかを検討するのがよろしいかと思います。
　「協定型」は、通達に定めるものなので、損金処理ができるものと思いますが、債権者が複数になると期間が長期化する可能性があります。
　かかる期間としては、個別和解型では1年以内、協定型では債権者が親会社1社であれば1年以内、債権者が複数であれば、場合によっては1年以上、というところでしょうか。
　弁護士費用としては、簡易な事案で、どちらも50～100万円程度ではないかと思います。作業が多い事案の場合は個別見積りになると思います。

5-16 繰戻し還付の適用

[質問]

　顧問先（法人）の決算業務に関して、欠損金の繰戻しによる還付を請求する予定で進めておりましたが、繰戻し還付の請求書類のみ、電子申告の提出が漏れていることが発覚いたしました。
　更正の請求も検討しましたが、過年度の申告を他社の税理士にて実施しているため、正確な資料や申告内容の確認が難しい状況です。
　そのため下記通達にしたがって、税務署長あての嘆願書により、特例の適用を求めようと考えているのですが、今回のケースでは特例の適用を受けることは難しいでしょうか。

> （還付請求書だけが期限後に提出された場合の特例）
> 17-2-3　法人税法第74条《確定申告》の規定による確定申告書を期限内に提出し、当該申告書に記載された欠損金額に基づいて法人税の還付請求書を期限後に提出した場合において、その期限後の提出が錯誤に基づくものである等期限後の提出について税務署長が真にやむを得ない理由があると認めるときは、法第80条《欠損金の繰戻しによる還付》の規定を適用することができるものとする。（平15年課法2-7「五十八」、平29年課法2-2「四」により改正）

[回答]

　還付請求書が期限後となったことについての事情が「真にやむを得ない理由」に該当するかどうか、ということになりますが、法の不知や失念などの理由では、「真にやむを得ない理由」には、該当しないことになります。

第 5 章　税法解釈に関する質疑応答

　名古屋地裁平成23年 7 月28日判決は、納税者（代理人である税理士）が、「3 月末の国会で中小法人の法人税法80条①の欠損金の還付請求ができるように法案が通過し、不覚にも平成21年 2 月10日決算報告書に対して欠損還付請求を失念してしまいました。」と主張した事案です。
　これに対し、裁判所は、「法人税基本通達17-2-3の「真にやむを得ない理由」があると認められるときとは、……飽くまでも、そのような取扱いは、法人の責めに帰することのできない特別の事情により法人が確定申告書の提出と同時に期限内に還付請求をなし得なかったと合理的に認められる例外的な場合に限られるというべきである。」とし、今回は、「原告の単なる税法の不知あるいは原告の失念に起因するものであることは明らかである。」とし、「そうすると、原告の責めに帰することのできない特別の事情が存したとは認められ」ない、と判示しました。
　控訴されましたが、高裁も同じ判断です。
　したがって、法の不知や失念を超える、「法人の責めに帰することのできない特別の事情」であり、期限内に請求し得なかったことが、「合理的に認められる例外的な場合」という事情があるかどうか、ご検討いただくことになります。
　ほとんどが難しいケースだと思いますが、難しければ初めから更正の請求に絞って検討される方がよろしいかと思います。

5-17　所得税確定申告の譲渡費用

[質問]

　兄弟3人で、親の土地、建物を3分の1ずつ共有で相続したものを平成30年に譲渡し、ここで譲渡所得の申告を依頼されました。

　小職の方で譲渡費用として計上できるものは仲介料、印紙代だけと説明しましたが、引越し費用をどうしても計上してほしいと言ってきています。

　誓約書を書いていただき、希望どおり申告をするか、依頼を断るか、どのようにしたらよいでしょうか。

[回答]

　所得税法第33条は、「資産の譲渡に要した費用」の額を控除すると規定し、その内容については列挙していません。所得税法基本通達33-7は、譲渡費用の範囲について次のように規定しています。

所得税法基本通達33-7　譲渡費用の範囲
　　法33条第3項に規定する「資産の譲渡に要した費用」（以下33-11までにおいて「譲渡費用」という。）とは、資産の譲渡に係る次に掲げる費用（取得費とされるものを除く。）をいう。
　(1)　資産の譲渡に際して支出した仲介手数料、運搬費、登記若しくは登録に要する費用その他当該譲渡のために直接要した費用
　(2)　(1)に掲げる費用のほか、借家人等を立ち退かせるための立退料、土地（借地権を含む。以下33-8までにおいて同じ。）を譲渡するためその土地の上にある建物等の取壊しに要した費用、既に売買契約を締結している資産を更に有利な条件で他に譲渡するため当該契約を解除したことに伴い支出する違約金その他当該資産の譲渡価額を増加させるため当該譲渡に際して支出

第5章 税法解釈に関する質疑応答

> した費用
> （注） 譲渡資産の修繕費、固定資産税その他その資産の維持又は管理に要した費用は、譲渡費用に含まれないことに留意する。

「国税庁タックスアンサー」では、次のように記載されています。

> 譲渡費用の主なものは次のとおりです。
> (1) 土地や建物を売るために支払った仲介手数料
> (2) 印紙税で売主が負担したもの
> (3) 貸家を売るため、借家人に家屋を明け渡してもらうときに支払う立退料
> (4) 土地などを売るために、その上の建物を取り壊したときの取り壊し費用とその建物の損失額
> (5) 既に売買契約を締結している資産を、さらに有利な条件で売るために支払った違約金
>
> ※これは、土地などを売る契約をした後、その土地などをより高い価額で他に売却するために既契約者との契約解除に伴い支出した違約金のことです。
>
> (6) 借地権を売るときに地主の承諾をもらうために支払った名義書換料など

このように、譲渡費用とは売るために直接かかった費用をいいます。

したがって、修繕費や固定資産税などその資産の維持や管理のためにかかった費用、売った代金の取立てのための費用などは譲渡費用になりません。

なお、引越し費用は譲渡費用にはならない、ということになると思います。そうすると、今回、引越し費用を譲渡費用に含めることは、所得税法の文言に直接的に違反することにはならないものの、通達に反する処理をする、ということになると思います。

この場合の税賠ですが、大阪高裁平成10年3月13日（判例時報1654号54

頁）は、次のように判示しています。

「税理士が、基本通達に反するような処理を行うことを指導する場合には、基本通達の趣旨、これに反する処理をした場合のリスク（税務調査、更正処分、過少申告加算税の賦課等）を十分に、具体的に説明した上で依頼者の承諾を得、かつ、基本通達に反する処理を行うことに相当な理由があり、その必要性が肯定される場合でなければ、そのような処理を行うことを指導・助言すべきでない。」

つまり、説明承諾を得るだけでは足りず、通達に反する処理をすることに、①相当な理由があり、②その必要性が肯定される場合、であることが必要です。

今回、上記2つの要件を満たすような特別な事情があるのであれば、よくリスクを説明して承諾書をとった上で行うことになりますが、満たさない場合には、税理士としてはそのような処理をしてはならない、ということになると思います。

そして一般的には、引越し費用は上記の要件を満たさないことになるかと思います。

5-18 交際費の立証責任

[質問]

顧問先が税務調査を受けており、飲食費の領収証を調査し、調査官から否認されています。

私の方から、領収証には一緒に飲食した人の名前を書いてもらっており、誰と飲食したかを説明しているのですが、調査官は否認すると一点張りです。このような調査官による一方的な否認は許されるのでしょうか。

[回答]

課税要件事実の立証責任については、最高裁判決があります。

「租税法律主義、申告納税主義を採用している現行税法下の税務訴訟においては」、「所得の存在及びその金額について決定庁が立証責任を負うことはいうまでもないところである」（最高裁昭和38年3月3日判決）

交際費の該当性も課税要件事実なので、課税庁が立証責任を負担します。

そして、ある支出が交際費に該当するかどうかの判断基準については、東京高裁平成15年9月9日判決（百選第6版59事件）以降、3要件説が主流になっていると思います。

3要件説は、
(1) 支出の相手方が事業に関係ある者等であり
(2) 支出の目的が事業関係者等との間の親睦の度を密にして取引関係の円滑な進行を図ることであるとともに
(3) 行為の形態が、かかる相手方に対する接待、供応、慰安、贈答その他これらに類する行為であること

という要件を満たせば交際費に該当する、というものです。

納税者において、上記(1)〜(3)を具体的に説明し、事業の関係者であることに関する証拠を示した場合に、調査官が交際費該当性を否認するためには、上記(1)〜(3)のいずれかを満たさないことを「立証」しなければなりません。

立証が足りていないと判断される場合、「では、更正をしてください」と交渉を打ち切れば、審理担当ではねられ、更正できないのではないか、と思われます。

[補 足]

課税要件事実についての立証責任に関し、最高裁判決は所得税事案に関し、

「所得の存在及びその金額について決定庁が立証責任を負うことはいうまでもないところである」（最高裁昭和38年3月3日判決、月報9巻5号668頁）

としており、課税要件事実の主張立証責任は国にあるとしています。課税庁も同様の理解をしています。

しかし、課税要件事実の主張立証責任が国にある、ということは、原告である納税者が何らの立証責任を負わない、ということを意味するものではありません。

例えば、国側において、経費の不存在について一定の立証をした場合には、納税者が立証可能なはずなのに、合理的な立証ができないときは国の立証が成功した、と判断される場合もあり得ます。

したがって、課税要件事実の立証責任が国にあるとしても、納税者としても、積極的に立証していくべきだと思います。

裁判例においても、

第5章 税法解釈に関する質疑応答

「必要経費について、控訴人が行政庁の認定額をこえる多額を主張しながら、具体的にその内容を指摘せず、したがって、行政庁としてその存否・数額についての検証の手段を有しないときは、経験則に徴し相当と認められる範囲でこれを補充しえないかぎり、これを架空のもの（不存在）として取り扱うべきものと考える」（広島高裁岡山支部昭和42年4月26日判決行集18巻4号614頁）

としたものや、

「被告が右の調査に基づく一応の立証を尽くした以上、被告の認定しえた額を超える多額を主張する原告が具体的にその支払額、相手方等を明らかにしえない限り、本件各土地の売買により発生した譲渡所得が原告に帰属するものと認められてもやむを得ないというべきである」（岡山地裁昭和44年7月10日判決、判例時報590号29頁）

としたものなどがあります。

5-19　弁理士が契約書に貼る印紙

[質 問]

　弁理士業務の場合、「特許を取得する」といったことを仕事の完成として請け負っていないのは明らかなのですが、特許出願し、その後に特許取得に向けた手続をするのが依頼内容の場合、その出願や手続の実行終了が仕事の完成（請負）とされる可能性があるため、請負契約から印紙添付を基本契約書にしてしまうと印紙代が4,000円になってしまい、次にいつあるかわからない依頼人との間の契約と考えると負担が大きいため、個別契約的な内容にして200円貼っておくのが無難でしょうか。

　なお、金額が1件で100万円にいくことはありません。

[回 答]

　弁理士業務の場合、次の可能性が考えられます。

・委任契約
・請負契約ないし請負契約と委任契約の混合契約
・継続的契約

　まず、「継続的契約」（印紙税法別表第一の7号文書）に該当するかどうかですが、継続的取引の基本となる契約書は政令で定めるとされており、印紙税法施行令第26条第1号の「営業者」をみると、印紙税法別表第一の第17号の非課税物件の欄に規定する営業を行う者と一致することがわかります。

　そして、その営業の定義を見ると、弁理士や配当制限のある特許業務法人は、営業に該当しないことがわかります（弁護士、税理士なども営業で

第5章 税法解釈に関する質疑応答

はありません)。

したがって、弁理士の場合「継続的契約」ではないので、印紙税法別表第一の第7号文書ではない、ということになります。

次に、弁理士業務がいかなる契約類型なのかという検討ですが、これは何を契約内容としているか、によってきます。

税理士を例にとりますと、印紙税基本通達第2号文書の17で、「税理士委嘱契約書は、委任に関する契約書に該当するから課税文書に当たらないのであるが、税務書類等の作成を目的とし、これに対して一定の金額を支払うことを約した契約書は、第2号文書(請負に関する契約書)に該当するのであるから留意する。」と規定されています。

つまり、顧問契約や税務相談、申告代理業務のみであれば委任契約となりますが、税務書類の作成自体が契約内容に含まれており、それに対して支払いが発生している場合には、請負契約と委任契約と混合契約となり、請負契約として印紙を貼付することになります。

弁理士の場合も同様の解釈になると思われますので、何らかの「文書の作成」を目的とし、それに対して一定の金額を支払うことを約している場合には、請負契約と解釈される可能性がある、ということになります。

また、「請負」は「文書の作成」に限らず「仕事の完成」を目的とする契約なので、「特許権の登録」という仕事の完成などが報酬発生の要件となっているような場合には、請負契約と解釈されることになるかと思います。

つまり、「手続代行」の場合は委任契約で印紙不要、「完成」が条件となっているような場合は「請負契約」と判断しておいた方がよい、ということになると思います。

したがって、契約書の内容を精査していただき、どのような契約になっているかを確定する必要があると思います。

税理士を守る会のご案内　https://myhoumu.jp/zeiprotect/

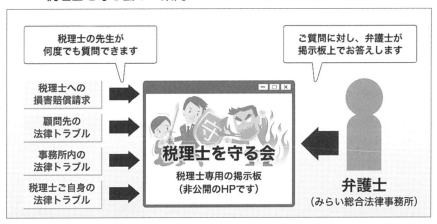

「税理士を守る会」の特徴と利用するメリット
- ✓ 日常遭遇する法律問題をすぐに相談できる（安価に顧問弁護士を雇う）
- ✓ 関与先の法的トラブルの質問についても、税理士の先生が弁護士に気軽に質問フォームから相談できる
- ✓ 弁護士に直接相談したいときは、無料面談相談ができる
- ✓ 関与先の相談で弁護士が必要なときは、税理士同席のもと無料面談相談ができる
- ✓ 会員税理士はペンネーム表示なので安心
- ✓ 他の税理士による質疑応答を見ることができる
- ✓ 税賠に強い税務顧問契約書・示談書・損害賠償請求放棄の書類を利用できる（正会員特典）
- ✓ 税賠防御の工夫がなされた顧問契約書等の書式20種類以上を利用できる（正会員特典）
- ✓ 税理士業務に役立つ動画20種類以上が見放題（正会員特典）
- ✓ 弁護士監修の書式400種類を利用し放題（正会員特典）
- ✓ 知り合いの弁護士には気軽に聞けない内容をペンネームで、メールで気軽に聞ける
- ✓ 法務サポート掲示板の質疑応答を観覧できるので他の税理士の事例がわかる

●税賠を防止することに重点を置いた各種契約書・書式を利用できます

【法人との受任契約書式】
・税理士顧問契約書（会計帳簿作成含む）
・税理士顧問契約書（会計帳簿作成せず）
・税理士業務契約書（年一業務会計帳簿作成含む）
・税理士業務契約書（年一業務会計帳簿作成せず）
・債務免除確認書
・役員退職給与に関する確認書（過大役員退職金）

【法人・個人共通の書式】
・守秘義務解除承諾書
・税務顧問契約解消に関する合意書（原則型）
・税務顧問契約解消に関する合意書（依頼者解除型）
・税務顧問契約解消に関する合意書（税理士解除型）
・示談書

【個人事業主との所得税業務受任契約書式】
・税理士顧問契約書（会計帳簿作成含む）
・税理士顧問契約書（会計帳簿作成せず）
・年一委任契約書（会計帳簿作成含む）
・年一委任契約書（会計帳簿作成せず）
・債務免除確認書

【個人で非事業主の所得税業務受任契約書式】
・確定申告代理
・債務免除確認書

【相続税・贈与税業務の契約書式】
・税理士業務契約書（相続税）
・税理士業務契約書（贈与税）
・相続税申告業務受任にあたっての説明同意書

【会計事務所内で使用する法律書式】
・職員入所誓約書
・会計業務再委託契約書
・就業規則雛型

●税理士業務に役立つ実務解説動画20本以上を視聴できます。

・見落としがちな「みなし贈与」のすべて
・民法・相続関係の改正概要と実務ポイント（2018年改正）
・新事業承継税制の税賠リスクの盲点と税賠を回避する契約手法
・新事業承継税制適用のための申請様式・届出の総まとめ
・相続税業務の税務調査における予防と対応
・税務調査を予防するための知識
・借地権の実務論点

・クリニック・病院の承継に必要な法律基礎知識
・不動産を活用した相続対策の真実
・税理士が間違えやすい自社株評価
・書面添付の実践手法
・退職税理士や職員による顧客奪取は違法か？（誓約書がない場合）
・税理士懲戒処分で注意すべき事例とは？
・名義預金の判断で知っておきたい判例解説
・その他

（以上は、2019年7月時点）

運営：弁護士法人みらい総合法律事務所／事務局：株式会社バレーフィールド
お問い合わせ先：【TEL】03-6272-6906　　【E-mail】book@valley-field.com
【WEBサイト】https://myhoumu.jp/zeiprotect/

【著者プロフィール】

谷原　誠（たにはら　まこと）

東京弁護士会所属弁護士　東京税理士会所属税理士
みらい総合法律事務所代表パートナー
平成6年弁護士登録

【著書】

『税務のわかる弁護士が教える　税理士損害賠償請求の防ぎ方』（ぎょうせい）
『税務のわかる弁護士が教える　相続税業務に役立つ民法知識』（ぎょうせい）
『税務のわかる弁護士が教える　税務調査に役立つ〝整理表〟・納税者勝訴判決から導く〝七段論法〟』（ぎょうせい）、他、約40冊

【研修実績】

東京税理士会渋谷支部、東京税理士会日本橋支部、東京税理士会神田支部、東京税理士会港支部、東京税理士会小石川支部、東京税理士会世田谷支部、千葉県税理士会市川支部、関東信越税理士会税理士協同組合、他

税理士SOS
税理士を守る会　質疑応答集

発行日	2019年8月26日
著　者	谷原 誠
発行者	橋詰 守
発行所	株式会社 ロギカ書房 〒101-0052 東京都千代田区神田小川町2丁目8番地 進盛ビル303号 Tel　03（5244）5143 Fax　03（5244）5143 http://logicashobo.co.jp/

印刷・製本　モリモト印刷株式会社

定価はカバーに表示してあります。
乱丁・落丁のものはお取り替え致します。

ⓒ2019　Makoto Tanihara
Printed in Japan
978-4-909090-29-4　C2034

法令を体系的に学ぶに最適!!

難解といわれる外国子会社合算税制（タックスヘイブン対策税制）の法律→政令→省令→通達・解説を見開きで掲載しています。いわゆる法律を横（縦？）に読むということです。

元国際課税担当の国税審判官であり、デロイト トウシュ 税理士法人で様々な実務に携わってきた著者が立法の視点から、最新の法令に基づき詳細に解説した、実務テキストです。

新刊　令和元年6月14日発売!!

【法律・政省令並記】
逐条解説
外国子会社合算税制

令和元年度税制改正に完全対応!

梅本　淳久（デロイト トーマツ税理士法人）

B5版・420頁・並製
定価：5,000円＋税

【主要目次】

第1章　内国法人に係る外国関係会社の課税対象金額等の益金算入

第2章　外国子会社合算税制の適用に係る税額控除

第3章　特定課税対象金額等を有する内国法人が受ける剰余金の配当等の益金不算入

第4章　政令委任（外国関係会社の判定等）

資料

立法の視点から、最新法令に基づき、詳細に解説した決定版!!

ロギカ書房 書籍のご案内

このままでは、税理士事務所は生き残れません！！

新刊 令和元年5月28日発売!!

AIの進展により、税理士事務所の消える確率90％以上！！
生き残るには、業種特化戦略の道しかありません。

税理士事務所の業種特化戦略のすべて

開業8年で、顧問先450。新規顧問先ストップ。私の事務所は、開業以来、営業をしたことは一度もありません。

大家さん専門税理士
渡邊 浩滋 著
四六判・256頁・並製
定価：1,800円＋税

【主要目次】
プロローグ 大家さん専門税理士事務所の誕生
第1章 税理士業界の現状
第2章 差別化が必要である
第3章 業種特化という差別化
第4章 選ばれる税理士、選ばれない税理士
第5章 業種特化に向けた実践① 業種を絞り込む
第6章 業種特化に向けた実践② 集客する
第7章 業種特化に向けた実践③ 業務を定型化する
第8章 業種特化に向けた実践④ 未経験者を戦力に変える
第9章 業種特化に向けた実践⑤ 蓄積したノウハウを活用する
第10章 業種特化に向けた実践⑥ 人を育てるマネジメント
第11章 業種特化の先にあるもの フランチャイズ展開
エピローグ 私の挑戦、大家さん専門税理士ネットワーク"Knees"が描く未来像

ロギカ書房 書籍のご案内

すべての税理士が、知っておくべき基礎知識!!

(平成30年10月24日発刊) **好評発売中!!**

課税対象となる「みなし贈与」と見なされるのは、**いかなる場合か? いかに回避するか?** 狭いが、深いテーマを、裁決・判例・裁判例から読み解き、あらゆる角度から検討しています。

「みなし贈与」のすべて

★初級者から上級者まで幅広い読者のニーズに応え、この1冊に論点を完全網羅!!
★不確定概念を多数の裁決・裁判例・判決から読み解く!!

伊藤 俊一 税理士
A5版・272頁・並製
定価:2,800円+税

【主要目次】
第1章 みなし贈与の基本的な考え方
第2章 みなし贈与が適用されるケース
第3章 株主間贈与
第4章 その他みなし贈与が生じる可能性がある諸論点
第5章 みなし贈与に係る裁決・裁判例・判決